1945, nach dem Ende des Zweiten Weltkriegs, schrieb in Zürich die Philosophin und Schriftstellerin Margarete Susman *Das Buch Hiob und das Schicksal des jüdischen Volkes*. Es ist der Versuch angesichts der Shoah, »in diesem Augenblick einer Weltkatastrophe«, die Geschichte des jüdischen Volkes aus dem Buch Hiob zu erklären, seinem Hadern mit Gott, seinem Fragen nach Gerechtigkeit. In einzelnen Abschnitten über den Ursprung, die Schuld, die Verfolgung, den Zionismus, die Hoffnung deutet sie das Buch Hiob neu. Die überlieferte biblische Geschichte erweist sich als unvermindert gegenwärtig. »Jude sein heißt, sich entscheiden«, heißt es am Beginn lakonisch, und im Fortgang entfaltet Margarete Susman Grenzen und Möglichkeiten einer solchen Entscheidung.

Margarete Susmans *Das Buch Hiob und das Schicksal des jüdischen Volkes* ist heute weithin vergessen. Ihr Beharren auf einer religiösen Substanz in Formen des alltäglichen Zusammenlebens, in der Dichtung wie Philosophie mutet fremd an. Doch es ist eine Fremdheit, mit der vertraut zu machen sich lohnt. Ihre Hiobsdeutung, die sie zuerst 1929 in einem Aufsatz über Franz Kafka vorbrachte, hat Martin Buber, Walter Benjamin, Gershom Scholem und Paul Celan beeinflusst. »Es gibt«, schreibt Margarete Susman, »keine große Leistung des Judentums im Exil bis in die späte Dichtung Kafkas hinein, die den Prozeßpartner nicht mehr mit Namen nennt, die nicht im Kern eine Theodizee, der Versuch einer Rechtfertigung Gottes vor seinem Volk oder eine Rechtfertigung des Volkes vor Gott wäre. Die ganze große nachbiblische Überlieferung kreist letztlich um diese Frage.«

Margarete Susman

DAS BUCH HIOB UND DAS SCHICKSAL DES JÜDISCHEN VOLKES

Mit einem Vorwort von
Hermann Levin Goldschmidt

Jüdischer Verlag
Frankfurt am Main

Der Text folgt der Erstausgabe,
die 1946 im Steinberg Verlag Zürich erschien.

Erste Auflage 2018

Satz: IBV Satz- und Datentechnik GmbH, Berlin
Printed in Germany
Umschlag: hißmann, heilmann, hamburg
ISBN 978-3-633-24182-8

INHALT

VORWORT NACH FÜNFZIG JAHREN

von Hermann Levin Goldschmidt

Ein halbes Jahrhundert ist es 1996 her, daß Margarete Susman ihr Meisterwerk *Das Buch Hiob und das Schicksal des jüdischen Volkes* in Zürich veröffentlichte, und dreißig Jahre, daß sie am 16. Januar 1966 in ihrem Heim auf dem Zürichberg entschlief. Noch ein letzter Satz sei an der Arbeit, die seit Monaten sie beschäftigte, zu schreiben, sagte sie, drei Tage zuvor. Allerdings wisse sie nicht, ob dieser Satz ihr gelingen werde. Die ungebrochene geistige Leidenschaft, die aus ihr sprach, seufzte unter der Last von vierundneunzig Lebensjahren und der zwar tapfer getragenen, jedoch niemals verschmerzten Beschwer fast völliger Erblindung. Aber ganz gewiß hätte sie sich, wenn sie ihre Krankheit, die seit einigen Tagen zur Bettruhe zwang, wieder – wie schon so oft – niedergerungen hätte, dann sogleich an ihren Schreibtisch führen lassen, um dem letzten Satz, der noch ausstand, nachzusinnen. Daß später, wenn die Arbeit abgeschlossen sein würde, ein neuer »letzter Satz« bewältigt sein wollte, hat sie während einer Arbeit niemals wahrhaben und danach niemals dulden wollen.

Dichterin, Denkerin, Deuterin[1]

Der Geburtsort war – am 14. Oktober 1872 – Hamburg gewesen, von unvergeßlich »seltsamer Schönheit«.[2] Da dehnten sich die Gärten von Harvestehude, bildete die Alster einen für das Kind unheimlichen Anziehungspunkt.

Hier verbrachte Margarete Susman ihre ersten Lebensjahre und später noch einmal einen einzigen Tag, Ende 1932 oder Anfang 1933. Geschäftliche Notwendigkeiten führten den Vater über Hannover, seine eigene Geburtsstadt, nach Zürich, und Zürich wurde nun für anderthalb Jahrzehnte die Stadt ihrer Jugend, wie später der Aufenthaltsort glücklicher Ehejahre und zuletzt die Stadt des Alters. Da stand das rosenumwachsene Haus am Parkring, lockte der wiederholt durchschwommene herrliche See, und da ging sie in die an das Großmünster angebaute Töchterschule, nach deren Abschluß sie brennend gern studiert hätte, und zwar reine Philosophie. Doch noch bildete das Frauenstudium eine in »guten Familien« unerwünschte Ausnahme, und »Sie führen eine gute Feder«, sagte der Zürcher Klassenlehrer, »Sie sollen aber durchaus und zunächst Frau und Mutter werden«.[3] Die Entscheidung fiel jedoch durch den allzu frühen Tod des Vaters, neuen Aufbruch erzwingend. Hannover und anschließend Düsseldorf und Paris, wo die junge Frau wenigstens die Malakademien besuchen durfte, sind die nächsten Wohnorte, und nach ihnen folgen München mit der Teilnahme an den Vorlesungen von Theodor Lipps und – nach der Heirat mit dem Maler Eduard von Bendemann – Berlin, Ort bald auch enger Zusammenarbeit mit Georg Simmel, sowie später Säckingen am Rhein und Frankfurt am Main. Dazwischen gab es gesegnete Jahre in Rüschlikon am Zürichsee, bis der Erste Weltkrieg zu einer aus freien Stücken beschlossenen Rückkehr nach Deutschland bewog. Als aber, knappe anderthalb Jahrzehnte danach, dieses Deutschland seinen Juden die Treue brach, die sie ihm nur allzu vorbehaltlos stets gehalten hatten, gab es bloß noch eine Heimat: die Schweiz – Zürich.

Wie bei Else Lasker-Schüler, der nur wenige Jahre älteren nächsten Geistes- und Schicksalsverwandten, ist auch bei Margarete Susman schon die Kindheit von Gedichten begleitet. Aber diese Dichterin wird zur Denkerin. Margarete Susman hat als junge Frau ihre Kunst der geistigen Erhellung ihres Zeitalters geradezu zum Opfer gebracht, weil diese denkerische Aufgabe ihr die, menschheitlich gesehen, vordringlichste Pflicht zu sein schien. Daher das mit dichterischer Gewalt Beschwingende ihrer dem Gegenstand nach sachlichen Aufsätze und Bücher, sowie umgekehrt das bis ins lyrische Wort hinein zum Ausdruck kommende Verlangen nach geistiger Rechenschaft, die Eigenart eines so im hohen Sinne Schillers sentimentalischen Dichtertums. *Mein Land* hieß der erste Gedichtband, 1901 erschienen, ein Jahr vor *Styx*, dem ersten Gedichtband Else Lasker-Schülers, und erlebt noch in demselben Jahr eine zweite Auflage, wird aber von der Dichterin zurückgezogen, als der Freund Karl Wolfskehl ihr Stefan Georges Gedichte vorweist, sie aus der Unschuld ihres bisherigen Schaffens aufschreckt. Wohl erscheinen 1907 *Neue Gedichte* und 1917 die drei dramatischen Gedichte *Die Liebenden*, 1922 die *Lieder von Tod und Erlösung* sowie 1953 eine wenigstens Teile des lyrischen Werks bergende Sammlung: *Aus sich wandelnder Zeit.* Aber die reine Dichtung bildet nur mehr einen Seitenzweig im Schaffen von Margarete Susman, deren Prosa um die Wende des fünfunddreißigsten Lebensjahres zum Durchbruch gelangt; denkwürdig durch den Anlaß, der die schon von verschiedenen Seiten um Mitarbeit angegangene, aber das öffentliche Wort und vor allem die Tageszeitungen scheuende Dichterin zu einer Stellungnahme geradezu zwingt, und denkwürdig durch das Bekenntnis, mit dem diese Frau ihre Laufbahn als Schriftstellerin eröffnet.

Vom Ghetto zur modernen Kultur hieß ein damals vielgelesenes Buch Jakob Fromers, von ihm auch Margarete Susman ins Haus geschickt, einer Auflösung des Judentums das Wort redend. Und hiergegen wendet sich ihr erster Aufsatz, »Judentum und Kultur« überschrieben, am 16. Mai 1907 in der Frankfurter Zeitung veröffentlicht. »Selbst wenn man«, heißt es dort, »die Mission des Judentums – das als erstes in seiner Gesamtheit die Idee des einzigen Gottes erfaßt und bekannt hat – jetzt als beendet ansehe, so müßte man sie noch in ihm ehren und müßte mit unendlicher Scheu – nicht nur mit der Scheu des Juden vor dem Glauben seiner Väter, sondern mit der des Menschen vor einer gewaltigen Idee – an die Frage seines heutigen Wertes und seiner ehemaligen Schickungen herantreten, immer eingedenk, daß alles Spätere im Zusammenhang steht mit seiner großen Vergangenheit.« Doch nicht bloß Scheu vor dieser »großen Vergangenheit« gebietet hier fortdauernde Treue. Die Zukunft ist es, Zukunft über »alles Spätere« des Christentums und der »modernen Kultur« weit hinaus, diese noch immer erst zu vollendende Menschheitszukunft, die nicht zuletzt auch das Judentum weiterhin braucht, das nach wie vor das sein kann oder von neuem werden könnte, was es bereits wiederholt gewesen ist: unbeirrbar starke, unbeirrt geschichtsmächtige Religiosität.

Mit der schon diese erste Stellungnahme auszeichnenden behutsamen Würdigung, klaren eigenen Entschiedenheit und geistesmächtigen Verbindung eines Werkes und Verfassers mit der Gegenwart auf der einen und dem größeren Ganzen aller letzten Fragen auf der anderen Seite beginnt die Reihe der rund dreihundert Buchbesprechungen, Aufsätze und Abhandlungen, von denen die

1954, 1955 und 1965 veröffentlichten Sammlungen *Gestalten und Kreise, Deutung biblischer Gestalten* und *Vom Geheimnis der Freiheit* nur einen Bruchteil umfassen.[4] Margarete Susman war es, die den jungen Lukács 1912 und 1921, Ernst Blochs *Geist der Utopie* 1919, Franz Rosenzweigs *Stern der Erlösung* 1922 oder Franz Kafka bereits 1929 bahnbrechend gewürdigt hat. Daneben ergeben ihre der »Neuen Lyrik« gewidmeten Aufsätze aus der Frankfurter Zeitung einen zu dem Zeitpunkt seiner Veröffentlichung im Jahr 1910 wegweisenden Band über *Das Wesen der modernen Lyrik*, und entsteht außerdem das sehr schöne, sehr bedeutende Buch *Vom Sinn der Liebe*, von Eugen Diederichs 1912 in der ersten und 1922 in der zweiten Auflage herausgegeben. Zwei weitere Werke, die um dieselbe Grundfrage der Liebe kreisen, drängen das erste Buch in den Hintergrund: *Frauen der Romantik*, 1929, das jetzt neu erscheint, und *Deutung einer großen Liebe – Goethe und Charlotte von Stein*, 1951 erschienen.

Und zwischen ihnen, der nach dem Ersten Weltkrieg dennoch gewagten neuen Verherrlichung der Liebe in einer bei Deutschlands Romantik allerdings schon höchst fragwürdigen Nähe zum Tod und der trotz des Zweiten Weltkriegs wieder aufgenommenen Beschäftigung mit dem einmal mehr sehr deutschen Ereignis der »großen Liebe« zwischen Goethe und Charlotte von Stein – die zwar, heißt es, irdisch an der Zeit scheitert, aber zuletzt doch einen Triumph über die Zeit bildet, durch den der Mensch, das Menschliche, über die Mächte den Sieg davonträgt –; zwischen ihnen liegen die Schreckensjahre von 1933 bis 1945. In den Bericht, der dem großen Ereignis des im Jahr 1946 dieser Schreckenszeit abgetrotzten Werkes über *Das Buch Hiob und das Schicksal des jüdischen Volkes* zustrebt, drängen sich die Erinnerungen an den harten Alltag jener Jahre und das durch sie hindurch bewährte

Leben, dem das Hiob-Werk seine Entstehung verdankt. Wie viele Juden gab es überhaupt noch, die so nahe der deutschen Grenze und im deutschen Sprachgebiet ausharrten, außerdem auch, das war nicht zu leugnen, deutsch: von der Umwelt, statt als Bundesgenossen, allzu lange wie Vertreter der Feindesseite angesehen. Einen aus der eigenen deutschen Mitte dem eigenen deutschen Wesen und der ganzen Welt erstandenen Feind galt es als einen Verräter dieses eigenen Wesens und der ganzen Welt zu erkennen und zu durchschauen, denn »nur der erkannte, durchschaute Feind ist besiegbar«[5], und dabei gleichzeitig sich selber treu zu bleiben: wie jüdisch, so deutsch, in der Schweiz!

Fast noch größer als der schließlich veröffentlichte großartige *Hiob* und eine die Richtigkeit seiner einzelnen Aussagen beinahe überragende Leistung war die jahrelang standhaltende geistige, seelische und sittliche Unermüdlichkeit der Auseinandersetzung mit dem Nationalsozialismus, der in unheimlicher Weise sowohl mit der eigenen Herkunft verknüpft, als auch – wie dem Judentum – dem wahren Deutschland entgegengesetzt war. Zwar bildete dieser Feind außerdem einen Totengräber der ganzen Menschheit, wurde aber wieder und wieder nur von seinen gerade eingeholten Opfern als ein solcher erkannt, während seine nächsten Opfer noch die Augen davor verschlossen, daß in den betroffenen Opfern ihnen ihr eigenes Los vor die Augen trat, wenn der Feind nicht besiegt werden würde. Eher gaben sie den Opfern Schuld, als dem Verfolger, so als ginge von den Verfolgten aus, was in Tat und Wahrheit diese bloß als erste eingeholt hatte. Die tägliche Arbeit am Schreibtisch, gegen welche Widerstände mußte sie nicht behauptet werden! Und dabei gesellten sich zu der geistigen Not die nicht weniger schwerwiegenden Nöte des Alltags wie Bemühungen um Nahrung, Heizung, Kleidung und Licht, sehr wirkliche Armut, vielfache schwere Krankheit, anderer Menschen Hilfsanspruch, eine niemals abreißende Flut dringender Anforderungen, mitten unter zwar manchmal falschen, meistens jedoch nur allzu wahren Schreckensnachrichten, Angst, Verwirrung, Leid, Verzweiflung im Gefolge, und nicht zuletzt die Wehrlosigkeit des unter strenges Rede- und Veröffentlichungsverbot gestellten, gerade nur geduldeten Flüchtlings, und seine Einsamkeit. Margarete Susman hielt stand.

Durchbruch zum biblischen Judentum

Trotzdem gelingt das Werk über *Das Buch Hiob und das Schicksal des jüdischen Volkes*, gelingt hier – eine jüdische Tat höchsten Ranges – eine der äußersten, schwersten Prüfung entrungene neue biblische Einwurzelung. Die Leiden des Ersten Weltkriegs und das menschheitszerreißende Ereignis des Krieges überhaupt, von denen betroffen Margarete Susman einst bei der biblischen Prophetie Trost gefunden hatte, waren immer noch erträgliche Qualen gewesen im Vergleich zu dem über das jüdische Volk jetzt hereingebrochenen, der ganzen Menschheit künftig drohenden Leiden. Erst das Buch Hiob – und die Gottesknechtlieder des zweiten Jesaja, dem Volk Israel zugesungen – beschreiben, was jetzt vor sich geht: willkürliche Ausplünderung, ungerechtfertigte Folterung, Todesqualen bis zur Ausrottung von sechs Millionen durch und durch unschuldigen Menschen, Spott und Hohn oder jedenfalls Unverständnis dazu von allen Seiten. Die Bibel, das ist Margarete Susmans damalige Entdeckung, weiß auch um dieses äußerste Geschehen. Frohe Botschaft noch dem entsetzlichsten Abgrund, hält das Buch der Bücher stand, weiter der tragende Boden und nach wie vor die

Wahrheit, Heilswahrheit dazu wie eh und je. Und diese Bibel – als dasselbe Buch die jüdische Bibel und das »Alte Testament« der Christenheit – führt zwar einerseits auch zum Christentum, andererseits jedoch zum Judentum des Mittelalters und der Neuzeit, deren fortdauernde biblische Nachfolge und in jeder Hinsicht ungebrochene Lebendigkeit und tatsächliche Zeitgenossenschaft gerade der Abgrund des zwanzigsten Jahrhunderts christlicher Zeitrechnung seinen Opfern von neuem bewußt und ihrer Umwelt sichtbar macht.

Zweifach ist die durch den biblischen Hiob, wie Margarete Susman ihn jetzt entdeckt, zurückgewonnene Einwurzelung, eine solche nämlich im Judentum schlechthin und daneben eine Einwurzelung in dem zeitgenössischen Märtyrertum dieses Judentums, von dem aus sich noch eine weitere Vertiefung ergibt. Die von neuem aufgerichtete innere Einheit des jüdischen Volkes, »wie die vergangenen Geschlechter sie nicht mehr kannten und nicht mehr als ihre Aufgabe begriffen«, diese durch die neuzeitliche Heimsuchung ausgelöste neuzeitliche Heimführung zu sich selbst, ist über die von der Verschiedenheit des Judentums und des Christentums – die unabgeschwächt fortbesteht – bisher genährte gegenseitige Fremdheit, ja Feindschaft hinausgewachsen. Margarete Susmans »Hiob«, nochmals eine Botschaft der Liebe, redet einer »Heilsgeschichtlichen Arbeitsteilung«[6] das Wort, durch die das sich selber treue Judentum – und das sich selber treue Christentum – in ihrem weiter festzuhaltenden Widerspruch gerade so einander auch fruchtbar ergänzen.

Das Hiobbuch! ... Herrlich, herrlich, herrlich!

»Das Hiobbuch! Welch ein Vorwurf, was ist Ihnen auferlegt damit. Herrlich, herrlich, herrlich! Und wo stand der Aufsatz, aus dem es entstehen soll? Schicken Sie ihn mir nicht? ... Und ich fand mich, ich fand den Hiob von einst und immer, Schwester, die Sie mir erstmals den Hiob deuteten.«

Mit diesen Briefstellen Karl Wolfskehls vom 12, Juli 1936 und 5. September 1938 oder 1939, die erst später ans Licht getreten sind,[7] ist der schöpferische Durchbruch besiegelt, den auch der hier bloß nachfolgende Wolfskehl Margarete Susman verdankt. »Das Hiob-Problem bei Franz Kafka« hieß ihr im Jahr 1929 veröffentlichter, bahnbrechender Aufsatz, außerdem eine der ersten und gültigsten Arbeiten über Kafka. Wie harmlos rührend – und auf die Dauer unerträglich harmlos – wirken daneben Alfred Döblins »Gespräch mit Hiob« in *Berlin Alexanderplatz* von 1929 und Joseph Roths *Hiob, Roman eines einfachen Mannes* von 1930, die in der Spur der seit Jahrtausenden so abgewandelten »Hiobsbotschaft« einen niederschmetternden Lebenslauf dem verheißungsvollen Anfang dieses Lebens gegenüberstellen, um trotzdem hoffen oder jedenfalls nicht verzweifeln zu lassen. Margarete Susman aber schreibt:

»Durch Kirche und Synagoge hindurch, über Kirche und Synagoge hinweg hallt so in unsere ringende Welt hinein der Ruf: ›Gott liebt sein Volk Israel!‹ ... ein Ruf so schmerzlich und schwer, wie er an kein anderes Volk je ergangen ist. Denn diese Liebe ist ja von eigener, furchtbare Art; sie ist der Zugriff einer Hand, die von außen nicht zu gewahren ist ... So ist heute der Wall von Millionen schuldlos hingemordeten Opfern von außen nicht als das zu gewahren, was er ist; er ist nur von innen zu erfahren als ein neuer Schicksalsschlag, der, unendlich fester und mächtiger als jedes kirchliche Bekenntnis, das Volk in die Furchtbarkeit seines gemeinsamen Schicksals einschließt... In seiner radikalen Zersprengung und durch sie ist so heute eine innere Einheit des Volkes wieder aufgerichtet, wie die vergangenen Generationen sie nicht mehr kannten und nicht mehr als ihre Aufgabe begriffen: eine Einheit, die das heimgesuchte Volk, wie immer es sich wandeln möge, heimführt zu sich selbst. Damit schließt sie es neu wieder an seinen biblischen Sinn an...

Kann irgendein jüdischer Mensch es als Zufall begreifen, in dieser Stunde als Jude geboren zu sein? Gibt Gott ihm nicht heute durch den Satan zu verstehen, was er von ihm will? Ein Volk, das rein naturhaft sich selbst wollte, hätte vor der Wucht dieses satanischen Angriffs fraglos sich selbst aufgegeben... Der Widerstand gegen die Selbstauflösung kann nur entspringen aus der unterirdisch das Volk durchströmenden, der Natur entgegenströmenden Quelle seines Ursprungs: als die klare Gewißheit, daß die Selbstauflösung zu vollziehen eine Bejahung des Satans selbst wäre, eine Verkennung der Hand, die sich hinter ihm verbirgt... Es ist das kaum mehr aussprechbare Geheimnis, daß der dunkle Schicksalsring, in den Gott heute sein Volk eingeschlossen hat, der Ring seiner Liebe selbst ist (so daß sogar Jesus als der Christus des Christentums), wenn er einem heutigen Juden in der ganzen Schwere des Entscheidungserlebnisses begegnete, nicht in die Richtung der offen leuchtenden Kirche weisen würde, sondern in das Dunkel des aus tausend Wunden blutenden Volks.«

Aber welche Schwierigkeit, von der Offenbarung zu – reden! Oder welche noch schwierigere Unmöglichkeit, dem Leidenden erklären zu wollen, daß sein Leiden sinnvoll sein könnte. Oder sich anzumaßen, es ihm klarmachen zu dürfen und zu können, daß die Welt Schöpfung ist, mit einem Schöpfer dem Geschöpf gegenüber. Dem Leidenden, der so leidet, wie der Unschuldige leidet, sollen wir helfen und immer nur helfen, ohne Worte zu machen! Denn daß sein Leiden einen Sinn haben kann – oder daß es die Schöpfung wirklich gibt, gerade so wie die Offenbarung sich tatsächlich offenbart –, kann jeder nur selber erfahren. Deshalb ist, was anderseits hier doch wirklich Antwort, ja befriedigende Lösung ist, bloß indirekt zu vergegenwärtigen. Margarete Susman sagt:

»Hiob erhält auf seine am Rande des Lebenskönnens gestellten Fragen keine Antwort. Etwas völlig anderes widerfährt ihm: die ihm unbegreifliche Wahrheit selbst steigt plötzlich riesenhaft über ihm herauf, antwortlos, als die Selbstoffenbarung der Gerechtigkeit Gottes, um die er im Chaos seiner Verstoßung rang.«

Wie der Gottesknecht des zweiten Jesaja und wie der 22. Psalm – dessen ersten Worte die letzten am Kreuz sind: »Mein Gott, mein Gott, warum hast du mich verlassen?« (Ps 22, 2; Mt 27, 46; Mk 15, 34) –, so nimmt Hiob das Leiden auf sich: sein unschuldiges und sein stellvertretendes Leiden. Er nimmt es an. Er hält es durch. Und wie der 22. Psalm, der mit dem Aufschrei äußerster Gottesverlassenheit anhebt, mit der von Gott beseligten Nichtverlassenheit und Niemalsverlassenheit endet, bezeugt auch der biblische Hiob, daß Leiden nicht das Letzte ist. Dieses sehr wirkliche und überaus schreckliche und in keiner Weise zu verharmlosende Leiden! Was aber ist das Letzte? Das ist der von den eingeschobenen Akten so und jetzt vertiefte Schluß der Rahmenerzählung, an dessen Beibehaltung sich die Ausdeuter immer wieder stoßen, ihn womöglich »primitiv« scheltend: *zuletzt nurmehr Gutes!*[8]

Was bedeutet dieser Schluß, diese Wendung? Keinen Absturz oder gar bloß Rückfall ins irdisch Nichtige und wieder Vergängliche, sondern den Neuen Himmel und die Neue Erde Jesajas (65, 17), das heißt: Frieden, Freiheit und Freude als – dereinst – wirkliches All.

Abbruch

Als aber das Hiob-Werk im Jahr 1946 erschien, war ihm – um dieses zwar bloß äußerliche, aber nachhaltig wirksame Hindernis vorwegzunehmen – der Weg zu den meisten Leserinnen und Lesern des eigenen Sprachgebiets verschlossen. Die Einfuhr von in der Schweiz gedruckten Büchern blieb für das dazu noch in Zonen unterteilte Deutschland lange – allzu lange – verwehrt. Und als sich trotzdem während knapp zweier Jahre die erste Auflage verkaufen ließ, hatte sich »in Schicksal und Lage des jüdischen Volkes seit dem ersten Erscheinen dieses Buches eine Veränderung vollzogen, die dessen Grundanschauung in Frage zu stellen scheint: das jüdische Volk ist im Mittelpunkt seiner Existenz ein Staatsvolk auf festem Territorium, ein Volk wie andere Völker geworden. Und im Augenblick dieser entscheidenden Wandlung tritt es auch zum erstenmal seit Jahrtausenden als ein kriegerisches Volk hervor.«

Dennoch wären das Hindernis von 1946, die grundlegende Änderung von 1948 nur Unterbrechungen einer trotzdem unaufhaltsamen Wirkung wesentlichster Botschaft gewesen, hätten nicht Abbrüche der Überlieferung stattgefunden, die bis auf den heutigen Tag nicht bloß nicht überbrückt werden konnten, sondern die vielmehr weiterhin zugenommen haben. Da ereignete sich der Abbruch der Überlieferung seit 1933, ereignete sich fortgesetzter Abbruch dadurch, daß zwischen 1933 und 1945 der Resonanzboden des deutschen Judentums vernichtet wurde, unwiderruflich. Und ereignete sich der tief einschneidende Abbruch von 1968 in der Absicht, die zu Unrecht fortdauernden oder sogar schamlos »wiederaufgebauten« Überbleibsel trüber und trübster Vergangenheit aus dem Weg zu räumen, wobei der weiterführend schöpferische Neubeginn seit 1945 mitzerstört wurde; so auch – um es an diesen beiden Beispielen genug sein zu lassen – Margarete Susmans und Leo Baecks Nachkriegswerk. Die danach – seit den frühen siebziger Jahren – einsetzende Bemühungen deutschsprachiger Judaistik widmeten sich entweder bloß den Werken des Judentums bis 1938 oder denen seit 1968. Die Zwischenzeit fiel aus. Eines ihrer großen Werke jedoch, Margarete Susmans *Das Buch Hiob und das Schicksal des jüdischen Volkes*, bleibt auf der Höhe seiner gewissenhaften Selbstprüfung, so wie diese sich im »Vorwort zur zweiten Auflage« vom Mai 1948, dem Monat der Staatsgründung Israels, spiegelt, maßgebend, mit dem Verfasser dieses »Vorworts nach fünfzig Jahren« damals nochmals und nochmals durchgesprochen.

»Vom Ganzen aus gesehen weist alles im heutigen Geschehen darauf hin, daß die aus der Verzweiflung entsprungene Haltung und Lösung dieser Generation nur die eines vergänglichen Augenblicks sein kann. Die wahre, von der Geschichte selbst immer erneut dem Volk aufgezwungene Aufgabe ist heute wie je, nur dringlicher als je, die

Vertretung einer überinternationalen Friedensordnung, auf die das Ganze der Weltentwicklung als auf die allein rettende Entscheidung hinzielt. Heute wie in jeder Zeit der Überflutung durch ein Weltgericht ist es die Bestimmung des jüdischen Volkes, über der versinkenden Welt in die Arche eingeschlossen, die einen Keim alles Lebendigen birgt, der Taube mit dem Ölzweig entgegenzuharren, die das Sinken der Wasser anzeigt, in der Hoffnung auszuharren und zu überdauern.«

Anmerkungen

1 So lautet die von ihrem Sohn Erwin von Bendemann entworfene Inschrift auf dem Friedhof Oberer Friesenberg der Israelitischen Cultusgemeinde Zürich.
2 Margarete Susman: Ich habe viele Leben gelebt. Erinnerungen. Stuttgart 1964, S. 14.
3 Margarete Susman: Ich habe viele Leben gelebt. Erinnerungen. Stuttgart 1964, S. 23.
4 Siehe hierzu die Bibliographie der von Manfred Schloesser herausgegebenen Festschrift für Margarete Susman: Auf gespaltenem Pfad. Darmstadt 1964.
5 Margarete Susman: Die geistigen Tragkräfte des modernen Kollektivismus. Neue Wege 33, 7/8, Zürich 1939, S. 326.
6 Vgl. Hermann Levin Goldschmidt: Das Vermächtnis des deutschen Judentums. In: ders., Werke, Band 2. Wien 1994, S. 161 und 194.
7 In: Castrum Peregrini CII-CIII. Amsterdam 1972, S. 57 und 62.
8 Vgl. Hermann Levin Goldschmidt: Freiheit für den Widerspruch. In: ders., Werke, Band 6. Wien 1993, X. 4.

Denn es ist nicht ein leeres Wort an euch,
sondern es ist euer Leben.

MOSE 5, 47.

Also sollen sie erfahren, daß
ich der Herr bin, wenn ich sie
unter die Völker verstoße und
in die Länder zerstreue.

EZ. 12, 15.

EINLEITUNG

> Es stürmt in mir, meine Seele, ich kann nicht schweigen; es kommt Verderben über Verderben.
>
> JEREMIA 4, 19.

In diesem Augenblick einer Weltkatastrophe, die in Leben und Wissen die Menschheit an den Rand des Selbstmords geführt hat, kann eine Ergründung des Schicksals und Problems des jüdischen Volkes nicht mehr als ein sehr bescheidener Versuch sein: ein Versuch, der nur darum gewagt werden kann, weil ein Ansatzpunkt für das Problem in dieser Katastrophe selbst sich bietet, die in der gewaltigsten Aufgipfelung des Judenhasses aller Zeiten den Zusammenbruch alles Menschlichen und Menschheitlichen in der abendländischen Welt darstellt. Wohl ist diesem Geschehen gegenüber jedes Wort ein Zuwenig und ein Zuviel; seine Wahrheit ist allein der Schrei aus den wortlosen Tiefen der menschlichen Existenz. Es ist darum das Buch Hiob, aus dem der Versuch einer Deutung dieses Geschehens unternommen wird.

Aber gerade auch diesem Unterfangen gegenüber drängt aus der heutigen Wirklichkeit ein schweres Bedenken sich auf. In einem Augenblick des Schwankens und Zerbrechens aller Wirklichkeiten und Wahrheiten, in dem vor dem Ausmaß des Geschehens jede menschliche Orientierung versagt, in dem die alten Begriffe und Worte weithin zerfallen sind, um neue überall erst gerungen wird, kann auch die Deutung eines Gegenwartsgeschehens aus den großen geschlossenen biblischen Wahrheiten und Begebnissen nur ein sehr bescheidener Versuch sein. Ein Versuch, der nur dann zu einer Klärung werden kann, wenn es gelingt, in der Gegenüberstellung beider weit auseinanderliegender Wahrheitskreise etwas von dem unzerstörbaren Sinn der Urworte zu retten.

Doch noch ein weiteres Bedenken scheint dem Versuch einer Deutung des jüdischen Schicksals in diesem Augenblick daraus zu erwachsen, daß unmittelbar nach der schwersten Katastrophe seiner Geschichte, die sich in der Menschheit bisher unbekannten Formen vollzogen hat, anstelle einer Aufrüttelung des Weltgewissens durch das Ungeheure heute bereits ein neuer Weltantisemitismus getreten ist, der die Züge einer Zwangserscheinung angenommen hat. Denn so erscheint es im Blick über die Jahrtausende unabweisbar, als wäre das Schicksal des jüdischen Volkes nur der finstere Schatten, den die Menschheit auf ihrem geschichtlichen Wege wirft und der, je tiefer die Sonne am Horizont sinkt und je mehr das Bild der Menschheit selbst sich verzerrt, um so schwärzer, verzerrter und gespenstischer wird. Aber dies wäre kein Einwand gegen seine Ergründung. Denn auch wenn dies wirklich das jüdische Schicksal wäre und wenn es damit, unabänderlich an das Schicksal der Menschheit gebunden, selbst unabänderlich wäre, wenn so jeder äußere Lösungsversuch scheitern müßte: für das jüdische Volk gibt es kein Fatum. Jude sein, heißt sich entscheiden. Denn jeder Einzelne des Volkes wird zwar als Jude geboren; aber er *wird* Jude erst durch die Entscheidung für dies Sein. Daß dies Volk, anders als alle anderen Völker, nicht aus einem Land, sondern in der Wüste aus einem Aufruf entsprungen ist, in dem ihm die Entscheidung zwischen Tod und Leben als die zwischen Gut und Böse vorgelegt ist, ist für alle Zeiten der Ausdruck seines Verhältnisses zum Sein. Immer erreicht der Aufruf das Volk in der Wüste, am äußersten

Rande des Lebens, nicht in einem Sein, sondern im Nichtsein; immer ist die Entscheidung zwischen Tod und Leben in seine Hand gelegt. Gerade in dem Gebanntsein in Rand und Schatten, in der Entwirklichung zum Nichtsein liegt so der unmittelbare Anruf an sein Leben. Jude sein, heißt an den äußersten Grenzen des Lebens und Lebenkönnens die Entscheidung für das Leben leisten.

Aber damit erhebt sich noch ein weiteres Bedenken gegen eine Ergründung des jüdischen Schicksals und Problems in diesem Augenblick: diese Entscheidung kann heute nur von einer tief in ihrem Sinn verstörten, im Sturm ihrer Schicksale und des Weltschicksals fast schon aufgelösten, fast unkenntlich gewordenen Gemeinschaft geleistet werden, zu der als zu einer Einheit wir uns kaum mehr bekennen können. Daß wir uns dennoch gerade heute wieder zu ihr aus der Tiefe einer neu aufgerufenen Verantwortung bekennen, das eben ist es, was dazu zwingt, im Augenblick schwerster Bedrohung von außen und innen aus den Erfahrungen dieser Zeit erneut die Frage nach Sinn und Wahrheit des jüdischen Schicksals zu stellen.

Es handelt sich also in diesem Versuch um ein jüdisches Bekenntnis. Nicht aber im Sinne eines irgendwie gearteten Nationalismus, eines Bekenntnisses zur Nation überhaupt – ein solches widerspräche dem Grundsinn des Judentums –, noch auch im Sinne eines Bekenntnisses zu den alten überkommenen Religionsformen – ein solches hätte in einer Welt, in der mit der Strenge eines klar geformten Lebens auch die Strenge der gedanklichen Zuordnung zu den heiligen Gegenständen verloren ist, keinen Wirklichkeitsraum mehr –, sondern allein im Sinne eines Bekenntnisses zu dem eigensten Problem, das uns im heutigen Schicksal als unsere Lebensfrage gestellt ist, und zu der mit diesem Problem gestellten Aufgabe. Es handelt sich also nicht um den Versuch einer Lösung des Problems –

es wäre die Lösung des Menschheitsproblems –, sondern nur um den Versuch seiner klaren Stellung und Herausarbeitung, in dem es gerade in seiner ganzen Schwere und Unlösbarkeit hervortreten wird. Es handelt sich so zunächst um die Frage, zu welcher Wirklichkeit der heutige Jude sich im Judentum bekennt, und damit um die Doppelfrage, was der jüdische Mensch seinem Wesen nach ist, und was er nach allen geschichtlichen Entwicklungen und Wandlungen, durch die er hindurchgegangen ist, heute noch ist und seiner Wahrheit nach sein kann.

Diese Frage kann nur geschichtlich, im Überblick über die Geschichte des jüdischen Volkes vom Ursprung bis zum heutigen Tage gestellt werden. Damit ist aber zugleich gegeben, daß diese Fragestellung niemals *nur* geschichtlich sein kann. Gerade das ist ja Sinn und Eigenart der jüdischen Geschichte, daß in ihr in den geschichtlichen Begebnissen selbst immer wieder die geschichtsbegründenden Wirklichkeiten und Wahrheiten sich manifestieren, so daß die geschichtliche Fragestellung immer schon die nach einer übergeschichtlichen Sphäre in sich schließt.

Damit ist die Bedeutung gekennzeichnet, die in diesem Versuch der biblischen Wahrheit zukommt. Jenseits des Bekenntnisses zu den festen Religionsformen sich zur Wahrheit des Judentums zu bekennen, kann nur heißen: sich zu dem Prinzip zu bekennen, das in ihnen allen niedergelegt ist, das in der Geschichte Israels und des jüdischen Volkes als ihr innerstes Gestaltungsprinzip hervortritt. Es ist der immer erneute Aufruf des Einen aus dem Vielen, der Anruf des Ewigen an die Zeit, der die Zeit, in der er vernommen wird, zur Sphäre der Wahrheit prägt. Wie der geschlossene, gestalterfüllte Raum die griechische Wahrheitssphäre, so ist die Israels die offene, gestaltlos fließende Zeit. Dort der in sich zurückkehrende Kreis des Kosmos, hier die ins Unendliche fortstrebende Linie der

Schöpfung; dort die Welt des Sehens, des Schauens, hier die des Hörens, des Vernehmens; dort Bild und Gleichnis, hier Entscheidung und Tat. Leichter prägt sich ein, was das Auge sieht, als was das Ohr vernimmt; denn das Auge sieht Wirkliches im erfüllten Raum; das Ohr vernimmt erst den Aufruf zum Wirklichen in der leeren Zeit. Im Raum ist Gegenwart und Erinnerung, in der Zeit Gefahr und Hoffnung. Denn die Zeit als leeres Verfließen wird durch den Anruf von oben gestaut, aus ihrer blind vorwärtsdrängenden Richtung aufgestört, im Wirbel eines lebendigen Zentrums aufgehalten, gegen sich selbst herumgewendet und zur Umkehrung gezwungen: zu der Umkehr aus dem Vielen zum Einen, in der sie sich sammelt zum Sinn. Die Zeit, als vorwärtsdrängender, alles mit sich reißender Strom schwerste Gefährdung alles Sinnes, wird so selbst zum Gefäß des Sinnes: des zentral gesammelten Sinnes: des *Heils*. Gegen das raumhafte Ziel der Vollendung steht das in der Zeit zu gewinnende Ziel der Erlösung.

Es ist dieser in der Zeit selbst erweckte Widerstand gegen die Zeit als leeres Verfließen, der in der vorwärtsgerichteten Geschichte immer wieder zum Scheitern verurteilt ist und, indem er sich immer neu in ihr erhebt, Geschichte im eigentlichen Sinne erst erschafft. Weil so die Zeit beides in sich trägt: die Gefahr der Auflösung und die Möglichkeit der Erlösung, darum steht das Volk der größten Verheißung auch in der größten Gefahr, darum hängt am Vernehmen des die Zeit wendenden Aufrufs alles, ist jeder der immer neuen Bundesschlüsse Gottes mit dem Volk das Siegel auf ein erneutes Vernehmen, ist der Sinn der gesamten Prophetie der, in jeder geschichtlichen Stunde den Aufruf wieder vernehmbar zu machen: als den Anruf eines alles Zeitliche bedrängenden und es immer neu in die Katastrophe stürzenden Ewigen und Unbedingten, von dem Bild und Gleichnis verboten sind, dessen

Name unaussprechbar ist, von dem der Mensch nichts aussagen, das er nur unmittelbar erfahren, aus dem er nur leben und sterben, für das er nur einstehen, von dem er nur Zeugnis ablegen kann.

In diesem allem Denken inkommensurablen, quer durch alles Zeitliche hindurchwirkenden Offenbarungs- und Zeugnischarakter ist die Ewigkeit der biblischen Wahrheiten begründet, die nicht Dauer ist, sondern Durchbrechung aller Dauer. Die Wahrheiten der Schrift gelten darum für uns durchaus; sie gelten für uns genau so weit, wie sie sich in unserer Geschichte lebendig manifestieren, wie wir in unserem realen Schicksal aus ihnen leben. Und es ist genau dies, was auch das zerfallene, unkenntlich gewordene, das im Wortsinn fragwürdig gewordene Volk zu einer Einheit zusammenschließt, die als aus seiner Wahrheit entspringende Schicksalseinheit weit über alle nur nationale Einheit und auch noch über die der Bekenntnisformen hinausgeht. Die Frage nach Sinn und Wahrheit des jüdischen Volkes ist heute wie zu allen Zeiten die, wie weit in seinem zeitlichen Schicksal die ewigen Wahrheiten noch erfaßbar sind.

Das bedeutet nicht, daß sie dem Bewußtsein der Einzelnen gegenwärtig sind oder sein müssen; selten nur und nur punktweise wird es in unserer von ganz anderen Wirklichkeiten geformten und entformten Welt, in der nicht mehr der Kult – und dies ist sein durch nichts zu ersetzender Wert – das Bewußtsein immer neu in das Ganze des Wahrheitszusammenhanges einfügt, dessen Tiefe erreichen. Es bedeutet nur, daß die ewigen Wahrheiten so lange lebendig sind und bleiben, wie sie auch unabhängig vom Bewußtsein des Einzelnen das Schicksal des Volkes gestalten.

Aber nicht unverwandelt können wir heutigen Menschen diese Wahrheiten in unsere Welt herübernehmen. Damit sie für uns erfaßbare Wahrheit werden, müssen sie aus der offenbarenden, immer ein Ganzes aussagenden Sprache des Ursprungs, die die der Gewißheit vom Göttlichen und Menschlichen ist, in unsere sie nur noch begrifflich und damit nachträglich fassende Sprache, die die der Ungewißheit vom Göttlichen und Menschlichen, die vollends heute die des Zerfalls alles Göttlichen und Menschlichen ist, erst übersetzt werden. Wohl sind gerade in der Not des Zerfalls und der Krise neue Lebenstiefen wieder aussagbar geworden, hat die Sprache sich aus diesem Abgrund selbst bereichert. Dennoch bleibt die Aufgabe einer Übersetzung der Wahrheiten der Offenbarung und des Zeugnisses in eine Sprache, die weder Offenbarungs- noch Zeugnischarakter hat, schwer und fast unmöglich. Auch schon in der Bibel ist ja der Wahrheit der Offenbarung gegenüber das Wort nur die den Sterblichen schonende Decke, die der, der vom Unbedingten zeugt, auf sein vom Glanz des Gestaltlosen glänzendes Antlitz gelegt hat. Aber durch die mythische Hülle des Schriftwortes scheint der Glanz hindurch; unserer für das Göttliche undurchsichtig gewordenen Sprache ist diese Hülle selbst das Letzte. Darum kann in ihr jedes Wort nur ein deutender Hinweis nicht auf die offenbarte Wahrheit der Schrift, sondern auf die mythische Hülle des Schriftwortes sein. Dennoch muß um der im Begreifen der Welt und seiner selbst so tief verschütteten Wahrheit des jüdischen Volkes willen heute der Versuch einer solchen Übersetzung gewagt werden. Er wird hier im vollen Wissen um seine Unzulänglichkeit, in letzter Bescheidung vor der Größe der Aufgabe unternommen.

HIOB

Dem Versuch, vom Buch Hiob aus einen schmalen Streifen Licht auf das Dunkel des jüdischen Schicksals fallen zu lassen, seien zur Klärung der Worte und Welten, zwischen denen er sich bewegt, zwei Grundworte vorausgeschickt, ein indisches und ein spätjüdisches. Das indische lautet: »Einst wurde auf die eine Schale der großen Waage die Welt gelegt, auf die andere ein Lotosblatt, auf dem der Name Gottes geschrieben stand – und die Schale mit dem Lotosblatt sank.« Dies Verhältnis der Gewichte ist weit über den Kreis der Offenbarungsreligionen hinaus in aller Welt das unverrückbare, und es *muß* so sein, weil es der einzige Name ist, den die Menschheit je gefunden hat, um das unaussprechbare Geheimnis auszudrücken, an dem sie ihr selber unenträtselbares Dasein hat, und an dem sie es schwer und halbschlafend ergreift. Aber weil sie nur dieses eine einzige, immer und überall gleichklingende Wort gefunden hat, darum wird es im Lauf der Jahrtausende eintönig und leer. Immer bedarf es, um diesen Namen zu erfüllen, einer Anstrengung des ganzen Lebens; darum wird er den Zeiten und Menschen, die diese Anstrengung nicht leisten wollen oder können oder sich anderswohin wenden, schal und nichtig und ist von ihnen nicht festzuhalten.

Weite Teile unserer Welt haben heute den im Leben und Wissen der vergangenen Jahrhunderte immer mehr verblaßten und verwischten Namen Gott endgültig ausgestrichen, und Generationen ist er unsichtbar geworden. Das Weltgeschehen hat ihn vollends verdunkelt und ausgelöscht; ihn auszusprechen, scheint uns, die wir alle in dieses Geschehen mitverstrickt sind, verwehrt. Unser ganzes Geschlecht steht in der Gefahr, den mit keiner heutigen Wirklichkeit mehr verbundenen Namen eitel zu nennen. Die Heiligung des Namens selbst scheint für uns nur ein langes und tiefes Verstummen zu sein. Darum ist die Schale mit dem leer gewordenen Lotosblatt hoch hinaufgeschnellt und die, auf der die Welt liegt, mit ungeheurem Gewicht in die Tiefe gesunken. Die Welt wiegt uns heute schwer. Alles Gewicht liegt allein in ihr, und es liegt auf uns allein. Aus dieser Lage stammt das zweite Wort, das die Betrachtung des Hiobbuches einleiten soll: Franz Kafka sagt von den »alten Geschichten«, die aus der Vergangenheit zu uns herüberdringen: »Hier und da hören wir ein andeutendes Wort und möchten fast aufspringen, fühlten wir nicht die Last der Jahrhunderte auf uns.«

Diese Last können wir nicht abstreifen, wenn wir heute von den alten Geschichten reden. Anders als mit ihrem drückenden Gewicht beladen, können wir auch von dem Buch Hiob nicht sprechen. Aber gerade in ihm sind die andeutenden Worte so stark und so zahlreich, ist es uns so oft und so zwingend, als müßten wir aufspringen, als ginge uns dies alles doch noch etwas an, als umspannte jene ferne Welt auch die unsere noch mit, daß wir es wagen dürfen und müssen, die tiefsinnige alte Geschichte in diesem weit von ihr abgetriebenen Augenblick auf das zu prüfen, was in ihr dennoch an Andeutungen, Hinweisen, an Verdeutlichungen gerade unseres heutigen Schicksals enthalten ist.

Man könnte dagegen einwenden, daß ja das auf uns lastende Weltgewicht seit der Zeit Kafkas noch unvergleichlich gewachsen ist. Aber demgegenüber zeigt sich etwas Eigentümliches. Es ist, als hätte das, was uns inzwischen widerfahren ist: diese neue Wirklichkeit mit allem, was sie an höllischen Erweiterungen des Geistes und an höllischen Verengungen des Herzens gebracht hat, als hätte gerade auch das damit zusammenhängende Hereinbrechen des jüdischen Schicksals die Last auf unseren Schultern ein Stück weit verschoben oder unsere Widerstandskraft gegen sie verstärkt, so daß wir uns gegen sie aufbäumten, an ihr rüttelten und ihrem Gewicht zum Trotz dennoch wieder aufsprängen, ja, daß es uns ist, als wäre sie gar kein wahrhaftiges Hemmnis, sondern etwas von uns notwendig zu Bezwingendes, weil der jähe Durchblick in jene alten Geschichten uns zeigt, daß dort eine Wahrheit sich auftut, die von den Jahrhunderten so wenig berührt wird, daß vielmehr in ihr unser Eigenes in neu erschließender Tiefe uns faßbar wird. *Das* wird uns schon beim ersten Blick in das Buch Hiob gewiß, daß die Mächte, von denen es handelt, in unserer Welt mit ganz anderer Gegenwärtigkeit wieder kenntlich und anwesend sind als in den verflossenen Jahrhunderten. Und indem wir diese Mächte als in unserer eigenen Welt wirkende wiedererkennen, erkennen wir auch uns selbst deutlich als Mitspieler in dem großen Spiel von Gott, Satan und Mensch wieder, das die Hiobdichtung ist.

Das düstere Mysterienspiel des Buches Hiob ist ein einziges Kreisen um den, dessen Name unserer Welt versunken ist. Verborgen ist er auch dort, Gegenstand der reinen Frage. Ihren Sinn aber hat Hiobs Frage einzig und allein als Frage an *Gott.* Was bedeutet das aber im Zusammenhang der Erzählung? Es bedeutet, daß Hiob an eine letzte äußerste Grenze seines Daseins gestoßen ist und daß er damit auf eine Frage gestoßen ist, auf die ihm kein Mensch und kein menschliches Erkennen mehr Antwort geben kann.

Wir wissen alle um solche äußersten Grenzen unseres Daseins, an denen jede menschliche Stimme verklingt. Wir wissen alle um letzte unbeantwortbare Fragen, hinsichtlich derer unser Leben nicht zur Ruhe kommen kann, weil sie uns selbst in Frage stellen. Es sind die Fragen von Tod, Leid und Schuld. Fragen also, die mit unserer Existenzform selbst gegeben sind. An den äußersten Grenzen unseres Daseins tauchen diese Urprobleme auf; sie selbst bezeichnen unsere Grenze, über die wir nicht hinausgelangen können. Darum können wir als Menschen nur soweit kommen, sie – und das geschieht nur in seltenen auserlesenen Zeiten und Menschen – zum vollen geistigen Aufleuchten, niemals aber so weit, sie zum Verschwinden zu bringen. Sie bleiben als Frage bestehen. Denn Antwort gibt es auf sie nicht. Daß sie unbeantwortbar sind, macht selbst die Weise unseres menschlichen Daseins aus. Alle unsere letzten Fragen sind Fragen an die Macht, von der wir uns selbst in Frage gestellt, der wir uns bedingungslos ausgeliefert fühlen, und das heißt, gleichviel ob der Name genannt oder geleugnet wird, Fragen an *Gott*. Aber diese Macht wird benennbare Wirklichkeit, Name erst dadurch, daß wir in unserem Ausgeliefertsein, in dem wir lebendig auf sie bezogen sind, sie als lebendig auf uns bezogene erfahren. Gott verlieren, heißt die Erfahrung dieser Beziehung verlieren. Und diese Erfahrung ist niemals fester Besitz der Seele; sie muß in jeder Stunde in immer neuen Formen dem Chaos abgerungen werden, als das uns das Lebensganze umwogt. Darin ist der biblische Rahmen zu keiner Zeit, auch heute nicht gesprengt. Dies Ringen ist das menschliche Dasein; es ist die menschliche Geschichte, wie sie im Alten Testament aufgezeichnet und für alle Zeiten und Völker vorgezeichnet ist.

Hiob, der Held jener alten Geschichte, nannte Gott mit Namen. Im strengen Dienst an Gott glaubte er ihn zu besitzen; er war ihm mit seinem ganzen Leben ergeben. Besaß er ihn aber in Wahrheit? Diente er ihm wirklich fraglos mit allem, was er war und was sein war? Es ist Satan, der dies bezweifelt, der es Gott gegenüber, der seinen Knecht liebt und erwählt hat, anzuzweifeln sich vermißt, und zwar – damit fühlen wir uns sofort aus aller stillen, entlegenen Gewißheit in eine Sphäre uns naher, atemraubender Problematik hineingerissen – Satan nicht als eine von außen kommende, nicht als eine von Gott verworfene Macht, sondern Satan, der zu Gott, ja zum Rat Gottes zugelassen, und weit mehr: Satan, der unter den Kindern Gottes ist. Das ist von Anfang an das den Boden des Geschehens tief Aufwühlende und Unterwühlende: Satan, der Feindschaft zwischen Gott und Mensch zu säen ausgeht, der nur dazu die Erde durchschweift, der Geist des Verdachts und der Aussonderung, der Unordnung, der Verstörung und Zerstörung, erscheint unter den Kindern Gottes. Gott spricht vertraulich mit ihm über Hiob, und Satan vermag ihn, der ganz um die Treue seines Knechtes weiß, der ihm göttlich vertraut, so weit zu überzeugen, daß er ihn dennoch dem Feind zur satanischen Prüfung ausliefert.

Hier ist das erste und das letzte Dennoch, an dem wir stutzen. Wie kommt es, daß Gott, der Hiob so ganz kennt, in die Prüfung durch den Satan einwilligt? Ist es, weil er ihm dennoch nicht bis zum Letzten traut, weil er weiß, daß auf dem Grunde jedes Menschenlebens ein Verstörbares, Erschütterbares ist? Oder will er im Gegenteil den Geist des Verrats und der Verstörung demütigen und niederwerfen, ihn durch die große Treue seines Knechtes beschämen? Will er seinen ewigen Ruhm an dem schwachen, vergänglichen Sterblichen erweisen? Wir erfahren es zunächst nicht; es bleibt, solange Hiob selbst fragt, in der Sphäre der Frage verborgen.

Aber wer ist er denn überhaupt, dieser Satan, dem Gott Macht gibt über Leib und Seele des ihm treuesten Menschen? Er kann nicht wie etwa im Manichäismus und verwandten Lehren die bloße Gegenmacht, der reine Widersacher Gottes sein; er muß zu ihm in einem sehr viel näheren und verwickelteren Verhältnis stehen. Eben in einem familiären Verhältnis, wenn wir die Familie als jenes tiefste und verwickeltste Lebensverhältnis fassen, in dem aus der sich spaltenden Wurzel der Identität letzte Zusammengehörigkeit und tödliche Feindschaft entspringen. Diese Ferne in der Nähe und Nähe in der Ferne kommt auch schon darin zum Ausdruck, daß Satan hier nicht in ein finsteres Reich des Abgrunds gebannt ist, sondern frei auf der Erde zwischen den Menschen hin und her wandert und dort nicht nur seine eigenen, sondern, wie wir sogleich sehen, auch die Geschäfte Gottes betreibt. Ja, fast sieht es nach dem Anfangsgespräch aus, als wären diese Geschäfte die gleichen. Und der unheimliche Eindruck einer nahen Verwandtschaft wird noch dadurch verstärkt, daß Satan wie Gott selbst seine Gestalt zu wandeln scheint. Wie Hiob in der Unfähigkeit, Gott als den immer gleichen festzuhalten, ihm angstvoll zuruft: »Siehe, du gehst an mir vorüber und verwandelst dich, eh' ich es merke«, so scheint auch Satan je nach dem Auftrag seine Gestalt zu wandeln. Es ist fast, als würde er erst an dem, den er antritt, zu der Gestalt, als die er sich ihm offenbart.

Wir müssen darum die Frage: Wer ist Satan? soweit wir sie überhaupt stellen können, jetzt noch zurückstellen. Wir können nur erst die Vorfrage stellen: Wie kommt es, daß er Hiob gegenüber die Gestalt grausamster Zerstörung annimmt, hinter der jener, dessen Bote er ist, völlig unkenntlich verschwindet?

Um diese Frage zu stellen, müssen wir uns den Lebenslauf Hiobs als ganzen vergegenwärtigen. Es gibt nichts Lichteres, Schöneres, nichts Hoheitsvolleres und Menschlicheres als die Darstellung von Hiobs frühem Leben im reinen Gehaltensein von Gott, »wie es war in der Zeit meiner Jugend, als Gottes Geheimnis über meiner Hütte stand«. Damals konnte er dies ungeheure Geheimnis tragen, weil es ihn trug, weil es ihm nicht Last war, sondern Bergung, weil sein Leben in der Fülle seines Segens stand. Hiob war der erste Mann im Morgenlande, der weithin über die Menschen herrschte, den Menschen gegenüber ganz Hoheit, Gott gegenüber ganz Demut. Er war fromm, gerecht, weise, mit himmlischen und irdischen Gütern gesegnet, von allen verehrt und geliebt. Er war ein großer Wohltäter, nicht als herablassender Herrscher, sondern als gesegnetes Leben, aus dem milden Reichtum seiner Natur, wie er dem Wort entquillt: »Sie warteten auf mich wie auf den Regen.« Aus dieser Gewißheit des Geliebtseins von Gott und den Menschen kann Hiob ohne Gefahr für seine Würde wagen, was selten ein Herrscher wagen darf: seine Güte sichtbar werden zu lassen. »Wenn ich lächelte, wurden sie nicht zu kühn darauf, und das Licht meines Angesichts machte mich nicht geringer.«

Plötzlich, von einem Tage zum andern, ja von einer Stunde zur anderen, wird sein ganzes Leben umgestürzt und in sein genaues Gegenteil verkehrt, wird er von dieser strahlenden Schicksalshöhe in den Abgrund eines übermäßigen, völlig unfaßbaren Leidens gestürzt. Unbekannte Feinde stürmen herein, erschlagen seine Söhne und rauben seine Herden; Feuer Gottes fällt vom Himmel und tötet die anderen, ein Wüstensturm bricht ins Land und bringt das Haus, in dem die letzten beisammen sind, zum Einsturz; und in wenigen Stunden sind alle seine Söhne und Töchter, ist sein ganzes Hab und Gut vernichtet.

Wir wissen, wie Hiob dies Schicksal aufnimmt; er zerreißt seine Kleider, er rauft seine Haare, stürzt zu Boden und spricht die nie verklungenen Worte: »Ich bin nackt von meiner Mutter Leibe gekommen, nackt werde ich wieder dahinfahren. Der Herr hat's gegeben, der Herr hat's genommen, der Name des Herrn sei gelobt.«

Hier, in dieser ersten Versuchung durch das Ungeheure

steht Hiob noch im Schirm und Schatten seiner selbstverständlichen Gottesgewißheit. Er redet noch *von* Gott, nicht *mit* Gott. Diese Gewißheit wird auch später, sie wird bis zuletzt nicht erschüttert, aber sie tritt aus ihrer Selbstverständlichkeit heraus: etwas in Hiobs Haltung Gott gegenüber verändert sich. Als Satan noch mehr von Gott erlangt, als Hiob aus allen Segnungen, allen Schönheiten, Sicherheiten und Bergungen seines Daseins gerissen, von den rasenden Schmerzen einer ihn aus der menschlichen Gemeinschaft aussondernden Krankheit verzehrt und entstellt, er, zu dem bisher die Höchsten aufblickten, von den Geringsten verachtet und verhöhnt, nackt, bespien in der Asche sitzt; als seine Frau, eine zweite, düsterere Eva, sich mit der Satansmacht verbündet, indem sie ihn gegen den grausamen, ungerechten Gott aufreizt und verlangt, daß Hiob ihm fluche – als ihm in dieser genauen Umkehrung seines bisherigen Schicksals etwas wie ein geheimer Plan, ja eine Art unverständlichen Anschlags gegen ihn aufzudämmern beginnt, da erst bäumt er sich aus der untersten Tiefe seiner Seele gegen Gott auf. Er versteht den Zusammenhang zwischen seinem bisherigen Leben und dem, was ihm jetzt widerfährt, nicht mehr. Er versteht Gott und den Willen Gottes in seinem Schicksal nicht mehr. Er ist an der Gerechtigkeit Gottes irre geworden. Er beginnt zu fragen, zu rechten, mit Gott zu hadern; es beginnt Hiobs großer Prozeß mit Gott. Nie aber, in keinem Augenblick seiner Qualen und Zweifel wird er in seiner Gottesgewißheit selbst erschüttert. Er kann gar nicht an ihr irre werden, weil Gott ihm gerade in dem, was ihm widerfährt, in seiner ganzen Macht gegenwärtig ist. Nur aus dieser brennenden Gegenwärtigkeit Gottes, aus Hiobs Liebe zu Gott ist überhaupt sein ganzes Fragen und Rechten zu verstehen. Nur um das einmal wahrhaftig

Besessene wird so gerungen; nur der Liebende kann so rechten; nur um den Geliebten wird so gelitten.

Denn sie waren ja im Ursprung verbunden. Gott und sein Knecht, sie waren eins: eine Gestalt des Lebens. Das Geheimnis Gottes, das über seiner Jugend stand, umfing ihn selbst, schloß ihn in sich ein. Nun, da der Ring zerbrochen, er aus dem Geheimnis herausgestürzt ist, steht der, der ihm der Allernächste, näher als alle Menschen, der sein Leben selbst war, ihm nicht nur als ein weit Entfernter, er steht ihm sogleich als der absolut Ferne gegenüber, dessen Züge er nicht mehr erkennt. Ja, er erkennt dort, wo ihm Gottes voller Glanz aufleuchtete, überhaupt nichts mehr. Wo bisher alles war, ist nun nichts – und nicht ein in sich ruhendes, richtungsloses, gleichgültiges Nichts, sondern ein flammendes Nichts, das als Vernichtung auf ihn gerichtet ist. Gottes ausschließende, ihn ganz umschließende Liebe ist umgeschlagen in Gottes rasenden, ihn ganz verstoßenden Zorn. Die nie aufgegebene Gottesgewißheit Hiobs ist in diesem Augenblick reines, gegen seine Erfahrung dem Abgrund abgerungenes Aber, das ihm die in seinen Gliedern wütende Qual selbst bestreitet. Doch nicht dieser Qual, nicht der grausamen Schwere seines Schicksals, der jähen Ferne und Unbegreiflichkeit Gottes gilt ja vom Anfang bis zum Ende sein Fragen.

Denn was Hiob von Gott verlangt, ist weder Trost noch Aufhebung seines Leides; es ist einzig die Wiederherstellung seiner Gerechtigkeit, damit Gott wieder der sei, dessen Weg und Willen er begreift. Denn nicht nur in seinem eigenen Leben, im Weltlauf überhaupt sieht er nun die Gerechtigkeit Gottes erschüttert. Aber diese Frage wird erst dadurch zur Verzweiflung, daß er von allem Anfang an weiß, daß er mit dieser seiner eigensten Frage gar nicht zu Gott vordringen kann, daß sein Begehren, Gott zu erreichen, völlig aussichtslos und vermessen, daß sein Prozeß mit Gott sinnlos und vergeblich ist, weil er sich mit Gott nicht messen kann, weil Gottes Macht und Größe alle menschlichen Maße übersteigt. Daß Gott alles vermag, sein die ganze Macht ist, dies, was in der Nähe und Bergung Gottes sein ganzes Glück war, ist ihm in der Ferne von Gott zum baren Entsetzen geworden. Denn nun ist es gerade diese Allmacht, die alles menschliche Bemühen zum Scheitern verurteilt, die eine gerechte Abrechnung zwischen Gott und dem Menschen von vornherein unmöglich macht. »Denn er ist nicht meinesgleichen, daß wir vor Gericht mit einander kämen.« Es besteht eine vollkommene, eine aufrührende Rechtsungleichheit zwischen dem Menschen und Gott.

Schon in den menschlichen Daseinsbedingungen liegt das Problem; sie werden von Hiob in Frage gestellt. Durch sie sind Gott und der Mensch nicht nur unaufhebbar voneinander getrennt; er begreift aus der jähen Erfahrung dieser Trennung, daß sie auch nichts mit den gleichen Augen sehen können. Der Raum, der dem Menschen angewiesen ist, ist ein winziger Ausschnitt, der Raum Gottes ist die Unendlichkeit selbst. Und noch schwerer lastet auf dem Verhältnis zwischen Mensch und Gott die Verschiedenheit der Zeiten. Denn in Hiobs Schicksal sind Gotteszeit und Menschenzeit radikal auseinandergerissen. Früher, in der Gegenwart Gottes, im Dienst an Gott füllte die Ewigkeit seine Zeit, so daß er ihrer nicht inne wurde; jetzt, da Gott sich aus ihr zurückgezogen hat, steht der Ewigkeit Gottes die leere Zeit des Menschen als reine Endlichkeit gegenüber. Von dieser Verschiedenheit der Zeiten ist das Buch Hiob übervoll. Wie in den Psalmen ist in ihm die Zeit als Ordnung der gefallenen Schöpfung die reine menschliche Vergänglichkeit. »Der Mensch, vom Weibe geboren, lebt kurze Zeit und ist voll Unruhe, gehet auf wie eine Blume und fällt ab, flieht wie ein Schatten und bleibet nicht« – das ist die unendliche Klage, die im Buch Hiob unaufhörlich aus der Zeit zur Ewigkeit aufsteigt. Wie der im Abgrund des Leides ringenden Seele der Psalmen werden der Seele Hiobs nun, da sie von den Daseinsbedingungen nicht mehr selbstverständlich getragen ist, da sie in Nacht und Nichts verstoßen um eine Welt erst wieder ringen muß, Raum und Zeit, Ewigkeit und Unendlichkeit zum Problem. Was ist er überhaupt, der rasch vorüberfliehende einzelne Mensch, dies winzige Fünklein Leben, eingestreut in eine Unendlichkeit von Tod? Was ist der kurze, einmalige Augenblick seines Lebens vor dem Antlitz der Ewigkeit? Jahrhunderte, Jahrtausende fliehen an ihr vorüber, in denen er nicht mehr sein wird. Es kann auf den Einzelnen vor der Ewigkeit, vor Gott nicht ankommen. Und doch – das gerade ist es, was Hiob durch die Verfolgung Gottes mit glühendem Eisen eingebrannt wird – kommt es vor Gott einzig und allein auf den Einzelnen an. Hiobs Frage: »Willst du wider ein fliegendes Blatt so ernstlich sein und einen dürren Halm verfolgen?« ist ihm durch sein Schicksal schon beantwortet. Denn Gott *ist* ernstlich wider das fliegende Blatt; er nimmt den dürren Halm ernst, mit seinem allerletzten Ernst: der Ernst Gottes ist das Siegel der menschlichen Existenz. Es ist das Siegel der Verantwortung, mit dem Gott das einzelne Menschenleben gegen alles Leben um es her versiegelt: dies untragbar schwere Siegel auf dem rasch vorüberfliehenden Staub. »Deine Augen sehen mich an, darüber vergehe ich«, ruft Hiob, damit Gott von ihm ablasse, ihm beschwörend entgegen. Es ist die am Aufgescheuchtsein vom Ewigen ganz erfahrene Kürze des Menschenlebens, es ist die Verstoßung einer von Gott selbst erweckten Kraft in die gleichgültig verfließende Zeit, den engen beschränkenden Raum, es ist die ständig von Gott selbst bedrängte Wirklichkeit des menschlichen Daseins, aus der Hiob zu Gott ruft. Denn es ist mit dem

Leid der um sich selbst wissenden Vergänglichkeit vor dem Antlitz des Ewigen noch nicht genug. Gott will noch mehr, weit mehr vom Menschen. »Und du tust deine Augen über Solchen auf, daß du mich in das Gericht vor dir ziehest?« – das erst ist die äußerste, die vollkommen unbegreifliche Grausamkeit des Ewigen, daß er das Dasein, das in dem einen Augenaufschlag Gottes, der seine Lebensspanne ist, kaum Zeit hat, zu sich selbst zu kommen, in diesem einen Augenblick auch noch vor sein Gericht zieht, daß er das Zeitliche durch das Ewige nicht nur vernichtet, sondern auch aufscheucht und verstört und, indem er vom Zeitlichen das Ewige fordert, geradezu das von ihm selbst gesetzte Verhältnis zwischen Zeit und Ewigkeit umkehrt. So widersinnig, so wider Gottes eigenen Sinn erscheint Hiob diese Verfolgung des vergänglichen, ohnmächtigen Erdenwesens durch den, der ewig und allmächtig ist, daß er sich zu dem Ruf hinreißen läßt: »Warum sollten die Zeiten dem Allmächtigen nicht verborgen sein und die ihn kennen, sehen seine Tage nicht?«

So droht im Buch Hiob die Zeit dem Menschen geradezu das Gottesverständnis zu verschließen. Noch weit radikaler legt aber die Frage Hiobs nach der Gerechtigkeit die Axt an die Wurzel des Verhältnisses zwischen Mensch und Gott. Seine rasende Gottesgewißheit selbst wirft hier wie dort die Frage auf: nur zu gut weiß er, fühlt er in jeder Faser seines Lebens, daß, was ihm widerfährt, eine Züchtigung *Gottes* ist. Wer sonst könnte so züchtigen? Und eben weil ihm dies gewiß ist, weil er als Wirklichkeit in sich erfährt: »Die Pfeile des Allmächtigen stecken in mir«, darum bricht aus ihm dies rasende unaufhörliche Warum hervor; denn damit ist es nicht eine allgemeine Weltgerechtigkeit, sondern die Gerechtigkeit des lebendigen Gottes, die ihm in Frage gestellt ist. Die ganze Beziehung ist dadurch verzerrt: Nicht nur durch die Verschiedenheit des Raumes und der Zeit sind Gott und Mensch getrennt: Gott ist überhaupt ein völlig Anderer, den der Mensch nicht versteht, und der auch den Menschen nicht versteht. Wie könnte auch der, der Angeklagter und Kläger zugleich ist, von dem, der zugleich Angeklagter und Richter ist, sein Recht erwarten? Es ist der Schrei des Empörers: »Wenn ich auch gleich recht habe, kann ich ihm doch nicht antworten, sondern ich muß um mein Recht flehen.« Ja, nun ist er nicht einmal mehr sicher, ob Gott, den er bisher um jede Einzelheit seines Lebens befragt hat, ihn überhaupt hört. »Wer wird ihm erzählen, daß ich rede? So jemand redet, der wird verschlungen.« Nicht mehr getragen, nicht geborgen, nein: verschlungen wird der kleine, schwache, sterbende Mensch von der unerträglichen Übermacht Gottes. Nur in der Verfolgung, in der vernichtenden Bedrohung vermag Hiob noch eine Beziehung Gottes zu seinem Leben zu erkennen. Und doch und eben darum kann er nicht aufhören, diesem grausamen Verfolger sein Recht, wie er es versteht, mit der armen, versagenden, kleinen Menschenstimme vorzulegen, auf die Gefahr hin, daß er ihn nicht hört. So aber, indem er rastlos nach Gottes Gerechtigkeit sucht, ohne sie zu finden, ist er gezwungen, nach seiner eigenen Schuld zu suchen. Doch eben dies ist es, was ihn am tiefsten verstört, ihm am schwersten die Gerechtigkeit Gottes antastet: er findet diese Schuld nicht. So sehr er immer erneut sein Leben durchforscht, er findet in ihm keine Schuld; er findet in ihm keine Antwort auf das Warum der göttlichen Züchtigung. Sein Wille, sein Dienst, seine Opfer waren rein. Ja, sie waren übermäßig. Er brachte Gott täglich Opfer – nicht nur um seine eigene Schuld, sondern auch um die seiner Söhne, und nicht nur, um eine wirkliche, sondern um eine nur möglicherweise von ihnen begangene Schuld zu sühnen. Und doch kann er nicht aufhören, nach einer geheimen Verfehlung zu suchen, durch die

Gottes Zorn gegen ihn gerechtfertigt wäre. Weit lieber will er sich ja schuldig wissen, als an der Gerechtigkeit Gottes verzweifeln. Aber als er in diesem unablässigen Graben zuletzt wirklich auf eine verborgene Schuld seines Daseins trifft, da zeigt sich an ihr die Hoffnungslosigkeit seines Fragens nur noch tiefer; denn diese Schuld kann gar nicht ihm zur Last gelegt werden, weil sie nicht die seine ist. Es ist die menschliche Schuld schlechthin, an der auch er teilhat. »Wer will einen Reinen finden bei denen, da keiner rein ist?« Kein Mensch ist rein vor Gott; keiner kann in den Lebensbedingungen, in die er gestellt ist, rein bleiben. In der einmal gefallenen Schöpfung gibt es Unschuld im strengen Sinne nicht. Darum weiß Hiob sich als Mensch schuldig. Aber er findet seinen *Anteil* an der allgemeinen Schuld nicht heraus, weil er ihm in seinem frommen, sich ständig heiligenden Leben keine bestimmte, eigene Gestalt gegeben hat. Und so geht Gottes Gericht, indem es ihn trifft, zugleich über ihn hinweg. Denn nur den Einzelnen kann es treffen, auch wo es nicht dem Einzelnen gilt. Wie Zeit und Raum Gottes und des Menschen, so können göttliche und menschliche Gerechtigkeit nicht zusammenkommen, können sie sich gar nicht wahrhaft erfassen. Es ist die furchtbare Einsicht in die Vergeblichkeit persönlicher Unschuld, die das ganze Buch Hiob durchzieht. Bis zu der persönlichen Schuldlosigkeit dringt Gott gar nicht vor. Dazu sind wir zu tief in die allgemeine Schuld hineingestellt und durch sie ursprünglich gerichtet. Ja, die radikale Hoffnungslosigkeit persönlicher Unschuld zeigt sich darin, daß die Strafe für die allgemeine Schuld mit ihrer ganzen Wucht gerade an dem ausgehen muß, der seinen Anteil an der allgemeinen Schuld nicht bewußt verwirklicht hat. Weit unmittelbarer als zu dem Schuldigen dringt zu dem persönlich Schuldlosen der Zorn Gottes vor. Das Maßlose, das Übermäßige, das ganz und gar Unbegreifliche von Hiobs Unglück erscheint als Zeugnis für jene Unmittelbarkeit und Unaufhebbarkeit des göttlichen Zornes, wie sie allein der persönlich Schuldlose erfährt. Nicht an den Schuldigen hätte Gott den Satan ausgesandt. Für den Schuldigen bedeutet Gottes Zorn Gerechtigkeit; für den Schuldlosen bedeutet er reines Entsetzen, das Eingreifen einer fremden feindlichen Macht, das vollkommene Irrewerden an der göttlichen Gerechtigkeit selbst. Der in seinem eigenen Leben Schuldige erfährt Gottes Züchtigung als Strafe für seine Schuld; so kann er sie verstehen und büßen. Und damit erfährt er sie in der lebendigen und verständlichen Beziehung zu Gott. Der persönlich Schuldlose erfährt die Züchtigung für eine Schuld, die nicht er begangen hat. Eine Schuld aber, die ich nicht begangen habe, kann ich auch nicht büßen. So erfährt gerade der Schuldlose seine Schuld als eine ganz und gar heillose, unsühnbare und damit unvergebbare, außerhalb der lebendigen Beziehung zu Gott. Damit ist das Geflecht von Schuld und Schicksal satanisch verwirrt. Und es stellt sich die unheimliche, hinterhältige Frage: Ist am Ende gerade die Schuldlosigkeit Hiobs jenes allerdunkelste Geheimnis, auf das Satan Gott gegenüber seinen Finger gelegt hat, weil er hier anzusetzen vermag, weil der, der die Schuld begangen und damit das menschliche Teil auf sich genommen hat, errettbarer ist als der, der sie um der Reinheit willen abgewiesen und sich so um des Göttlichen willen außerhalb des Menschlichen gestellt hat? Zieht so am Ende gerade der, der seine Schuld nicht eingegrenzt, seinen Anteil an ihr nicht eingelöst hat, das grenzenlose Ganze der Menschheitsschuld auf sich herab und muß er sie in einem Leiden ohne Grenzen büßen? In diesen im Dunkel seines Schicksals wogenden Fragen verzerrt sich Hiob die Selbstverständlichkeit der Gottesbeziehung vollends. Er weiß nicht mehr, was er bisher in jedem Augenblick seines Lebens wußte: was Gott von ihm will. Und eine entsetzliche Ahnung beschleicht ihn. Noch gibt er ihr nicht nach, noch weist er sie zurück, noch wendet er sich mit seinen Fragen einzig und allein an den, von dem er sich schon losgerissen weiß; noch klammert er sich ganz mit letzter Leidenschaft an den, der den Kreis seines bisherigen Lebens und Wissens gesprengt und ihn über alle Ränder seines Eigenen hinausgerissen hat, der ihn so aus unendlicher Ferne brennender als jede Nähe anrührt. Aus zehrendem Feuer schreit er den Freunden entgegen: »Erbarmet euch meiner, erbarmet euch meiner, ihr meine Freunde, denn die Hand Gottes hat mich gerührt.«

Denn nun kommen die Freunde. Auch sie, die Repräsentanten der Gemeinschaft, gehören zu Hiobs Schicksal. Sie sind von weither gekommen, um ihn zu sehen und zu trösten. Aber wie sie ihn sehen, verschlägt es ihnen die Sprache. Sie erkennen ihn nicht. Sieben Tage und sieben Nächte sitzen sie, von der Größe seines Leidens überwältigt, schweigend neben ihm. Und als sie dann endlich reden, da zeigt sich, daß keiner den Grund seines Leidens auch nur ahnend erreicht hat, da die ganz und gar draußen geblieben sind. Hätte nur ein einziger von ihnen ausgerufen: »Warum du? Warum nicht ich?«, es hätte alles Tiefsinns ihrer Reden nicht bedurft; sie hätten etwas von seinem eigenen Getroffensein in sich selbst erfahren. So aber reden sie rein von außen, personlos, allgemein; sie reden mit viel Weisheit von einer abstrakten objektiven Weltgerechtigkeit, von einem allgemein faßbaren Zusammenhang von Leid und Schuld, von einem Gott, der mit sichtbarer Gerechtigkeit richtet, und nehmen so in der Sphäre des Allgemeinen die Partei dessen, mit dem Hiob Angesicht gegen Angesicht ringt. Die grundsätzliche Verschiedenheit zwischen den Wahrheiten der Freunde und der Wahrheit, um die Hiob sich müht, erweist sich daran, daß er, dem die Freunde klare Antwort zu geben sich berufen fühlen, von Gott keine Antwort erhält. Denn sie haben den, den er verloren hat; aber sie haben ihn als festen Besitz, als allgemeines Wissen; sie kennen ihn nicht wie Hiob, der, gerade in der Todesangst, ihn zu verlieren, in der Panik des über ihn hereinbrechenden Mysteriums Gott selbst seine verzweifelten Fragen entgegenruft. Unter ihm ist im Übermaß eigenen Leidens und Fragens der Grund des allgemeinen Daseins eingebrochen; er ist hinabgestürzt in den Abgrund radikalen Alleinseins mit Gott. Nicht mit dem milden, gerechten, gütigen Gott, dem er rein gedient hatte, sondern mit der ganzen dunklen, furchtbaren, unbegreiflichen Wirklichkeit jenseits unserer Grenzen.

Vor ihr versagt alles allgemeine Wissen. Zu dem Mysterium der mit Gott ringenden Seele gibt es von außen keinen Zugang. Zwischen Hiob und Gott gibt es keinen Schiedsmann, keinen, der seine Hand zwischen sie legen könnte. Er steht nicht mehr auf einer Ebene mit den Menschen. Hiob redet aus *seinem* Leid zu *seinem* Gott, zu dem, von dem er sich preisgegeben und in dieser Preisgabe selbst furchtbar und geheimnisvoll erwählt weiß: noch der ihn bedrohende, ihn versuchende, ihn vernichtende Gott ist ganz und gar der seine. Es ist der Gott, von dem er ausruft: »Denselben werde ich mir sehen, und meine Augen werden ihn schauen und kein Fremder.«

So aber haben gerade durch ihr Versagen die Freunde auch eine letzte Bestimmung in Hiobs Schicksal: indem sie ihn in seine Einsamkeit zurückstoßen, weisen sie ihn wieder allein an den zurück, von dem er sich verstoßen weiß. Jedes Zeichen verstehender Freundschaft hätte ihn ein Stück weit ins Leben zurück- und damit von Gott fortgezogen. So aber erfährt er: wohin er sich wendet, er kann aus dem Kreis, in den er mit Gott eingeschlossen ist, auch im Ringen mit ihm nicht heraus. Durch das Verstoßensein aus der Gemeinschaft erfährt er so abermals sein ganzes Angewiesensein auf Gott, erfährt er, daß derselbe Gott, der ihn mit letzter Grausamkeit verfolgt, auch der einzige ist, der für ihn eintritt. In dem Aufschrei: »Aber ich weiß, daß mein Erlöser, mein Rächer, mein Bluträcher lebt!« ist der, von dem er sich ganz getrennt weiß, ihm zum nächsten Blutsfreund geworden, der ihm dennoch das Recht verschaffen wird, das er selbst sich von Gott nicht verschaffen kann und das ihm die Menschen versagen. Am Zerreißen des Bandes zur menschlichen Gemeinschaft erfährt Hiob erst sein ganzes Verbundensein mit Gott.

Aber indem er sich so in eine letzte Einsamkeit mit Gott begibt, in die kein Menschentrost, kein Menschenwort mehr eindringt, gerade da fühlt er mit jäher, voller, entsetzlicher Gewißheit, daß er in dieser letzten Einsamkeit mit Gott nicht allein ist. Eine fremde, unheimliche, ihm und Gott selbst feindliche Macht hat sich zwischen ihn und Gott eingeschlichen: in seinem Schicksal ist noch eine andere Hand als die Gottes im Spiel, noch ein anderer Wille am Werk. Und Hiob beginnt dunkel zu ahnen – und in dieser Ahnung sinkt ein schweres schwarzes Tuch über alles Gottgeschaffene herab –, daß Gott selbst diese fremde Macht zugelassen hat.

DAS JÜDISCHE SCHICKSAL

Wir haben die Elemente des jüdischen Schicksals beisammen. Dies Schicksal aber, wie wir es heute erleben, ist aus den gegenwärtigen Weltzusammenhängen nicht auszusondern. Das jüdische Problem, das ist das jüdische Leid, die Verfolgung, die Krankheit, das Ausgestoßensein. Die Welt ist aber heute eine einzige Flut von Leid, Völkerleid, Menschenleid, ein Chaos von Leid und Entsetzen, das längst die Realisierungskraft der Einzelnen unermeßlich übersteigt. Wir können das Einzelleid des jüdischen Volkes aus dem allgemeinen Leid nicht lösen. Aber gerade im Zusammenhang mit ihm – und *nur* so – läßt sich das Schicksal des jüdischen Volkes überhaupt in seiner Wahrheit und Wirklichkeit erkennen. Selbst Ausdruck der Weltkrise, Ausdruck der Weltnot, in der wir stehen, hebt es sich gerade in diesem Augenblick wieder als ein unheimlich ausgezeichnetes und andersartiges aus dem Schicksal der anderen Völker heraus.

In seiner das Judentum tief erfassenden Schrift »Israel, Judentum und Christentum« hat Leonhard Ragaz das jüdische Volk den Seismographen der Völkerwelt genannt; und wie sehr es dies ist, haben wir im heutigen Schicksal wieder erlebt. Mit dem Ausschlagen dieses Zeigers hob die Weltkatastrophe an. Aber da dieser Zeiger ein lebendiger ist, zeigte er die Katastrophe nicht nur dadurch an, daß er ausschlug, sondern dadurch, daß er selbst zuerst und zutiefst in sie hineingerissen wurde. Das kleine, zerstreute, durch seine politische Formlosigkeit und Machtlosigkeit für die Völkerwelt gänzlich belanglose jüdische Volk, auf deutlich sichtbare und zugleich höchst geheimnisvolle Weise das Zentrum des heutigen Weltgeschehens, ist genau der Punkt, auf den die dunkle Macht ihren Finger gelegt hat, um von der Auflösung dieses winzigen Kernes aus die Auflösung der Völkerwelt und alles Menschlichen überhaupt zu betreiben.

Warum war dies der Punkt, an dem sie heute ansetzte und die ganze Geschichte hindurch immer wieder angesetzt hat? Denn daß dies im heutigen Augenblick mit den furchtbar erweiterten heutigen Methoden geschieht, eben nach dem Verfahren, einen winzigen Kern zu beschießen, um eine Welt in die Luft zu sprengen, einem Verfahren, aus dem der Mensch und alles Menschliche ausgeschaltet ist, das darf uns nicht darüber täuschen, daß in diesem übermäßigen Geschehen dennoch eine Gesetzmäßigkeit sich äußert, die von den Verkündungen und Katastrophen des Alten Testamentes an bis zum heutigen Tage in der Geschichte des jüdischen Volkes in immer neuen Wellen und Erhebungen sichtbar wird und, indem sie seine Schicksale aus den Schicksalen und Katastrophen der Menschheit heraushebt, sie zugleich in geheimnisvoller Weise mit ihnen verbindet.

Wohl wäre hier ein Einwurf zu machen, der alle Untersuchung heutiger Wirklichkeit träfe: Unsere Welt mit allen ihren Gestalten und Beziehungen: Leben und Tod, Raum und Zeit, hat durch das Tun und Wissen der Menschen ihren Umriß und ihre Substanz verändert; der Mensch, der ihr Zentrum war, hat sich aus ihr zurückgezogen; sie ist vom Menschen entleert. Es sind in dieser Welt Dinge geschehen, die völlig aus dem Umkreis des Menschlichen herausfallen, für die das Wort Verbrechen ein weitaus zu menschliches Wort ist, die in unbekannte Dimensionen führen, auf die keine unserer Bezeichnungen zutrifft. Und es stellt sich die Frage, ob nicht das Weltgleichgewicht dadurch verschoben ist, ob wirklich auf die andere Schale der Waage noch das Blatt mit dem ewigen Namen gelegt werden kann, ob nicht diese menschlich entleerte Welt ihm gegenüber mit solcher Gewalt in die Höhe schnellen müßte, daß sie zerspränge. Die Menschheit hat in ihrer jüngsten Entdeckung selbst diese Frage gestellt.

Doch auch in dieser vom Menschen fast schon aufgegebenen Welt ist es das Schicksal des jüdischen Volkes, von ihr zugleich ausgesondert und zutiefst mit ihr verbunden zu sein. Verbundensein und Ausgesondertsein entstammen derselben Quelle: der Kraft, die dies Volk zum Zentrum und Zeiger des Menschenschicksals macht. Wie sich im Schicksal Hiobs das Schicksal des jüdischen Volkes spiegelt und zugleich die Tiefe des Menschenschicksals überhaupt, so ist im Volk Israel, das ein einzelnes, mit Namen benanntes, geschichtliches Volk ist, zugleich der innerste Kreis der Menschheit umschrieben, ist es selbst ihr Sinnbild und ihre Vertretung. – In der christlichen Welt hat sich das längst dadurch dokumentiert, daß in ihr die Wirklichkeit Israel zur Kirche, zur Gemeinde geworden ist. Das ganze, alleinige, aber auch ungeheure, geschichtlich übergeschichtliche Problem, das Hiobproblem des Volkes im Exil, das, was es krank und verachtet aus der menschlichen Gemeinschaft aussondert, liegt darin, daß neben diesem vergeistigten, geistlichen Israel der Kirche, das in die Geschichte eingegangen ist, ein wirkliches, geschichtliches jüdisches Volk erhalten geblieben ist, das weder Kirche noch Staat ist, aber beiden entgegensteht und von beiden als Gegensatz empfunden wird. Nach dieser rätselhaften und leidvollen Volksgestalt, die sichtbar und unsichtbar zugleich, weder wahrhaft dem Leben noch wahrhaft dem Tod angehört, die am Ende des vergangenen Jahrhunderts der Begründer des Zionismus von der machtvoll sich entfaltenden Völkerwelt aus als einen wandelnden Leichnam, ein Gespenst unter den Völkern bezeichnete, nach diesem Volksgespenst, das durch ein übermäßiges Schicksal in den Mittelpunkt des Weltgeschehens gerückt, heute wieder die unheimlichste Realität gewonnen hat und wie ein Zeichen in aller Munde ist, geht unsere Frage.

Das Schicksal des jüdischen Volkes zeichnet sich rein im Lebenslauf Hiobs ab. Wie im Leben Hiobs steht in dem Israels am Anfang der große Glanz, steht über seiner Wohnung das Geheimnis Gottes, das es aussondert und umschließt, steht die unfaßliche Verheißung an Abraham: »In deinem Samen sollen gesegnet sein alle Geschlechter der Erde!«, steht der Bund Gottes mit Israel, in dem es für immer geborgen ist. Nach dem ungeheuren Bruch in seiner Geschichte blickt aus seinem Leben im Exil das jüdische Volk auf die leuchtende Frühzeit des biblischen Israel als auf ein in einer versunkenen Wirklichkeit spielendes ungeheures Vorspiel zurück. Die Verbindung ist nicht abgerissen; es weiß noch, daß dies sein Leben war; ja, nichts in seinem gegenwärtigen Leben wäre ohne diese Vergangenheit, was es ist; um jeden, auch den losgerissensten jüdischen Menschen ist durch seine Abstammung etwas Verwunschenes, als wäre er in Wahrheit noch etwas anderes, als was er ist; aber zugleich ist jeder jüdische Mensch gezeichnet durch die Wirklichkeit der Verstoßung. Wie Hiob fühlt das Volk im Rückblick auf seinen Glanz und seine Größe um so tiefer und unbegreiflicher diese Verstoßung, und wie Hiob umkreist es sie mit immer neuen Fragen. Es war der Segen der Völker, sie warteten auf es wie auf den Regen. Durch dies Volk hat zum erstenmal in der Menschengeschichte das Unendliche mit dem Endlichen sich in Beziehung gesetzt, ist es aus Nacht und Schweigen als *der* Unendliche hervorgetreten, der durch seinen Anruf den Bund mit dem endlichen Wesen Mensch geschlossen hat, aus dem den Völkern die Gestalt ihres Heils entsprang.

Und nun, da es alles gegeben, da es ganz gedient hat, bleibt ihm nichts als Haß und Verachtung, Schmach und Verstoßung, Krankheit, Häßlichkeit, unermeßliches Leid. Wie kein anderes Volk der Erde steht so das jüdische Volk rein in der Frage, steht es wie Hiob in der unbeantwortbaren Frage der ihm aufgeprägten Daseinsform selbst. Das trennt Hiob grundsätzlich von dem anderen großen Frager der Menschheitsgeschichte ab: Sokrates fragt nach allem, was in der Welt den Menschen sich selbst und die Gottheit erkennen lehrt; Hiob fragt nach dem Einen, das sich in seinem Schicksal als Wahrheit von Gott und Mensch offenbart.

So fragt auch das jüdische Volk. Seine Frage ist nirgends eine von seinem Leben abgelöste, nirgends eine Frage rein objektiven Erkennens; sie steigt aus seinem eigenen Schicksal als Frage nach seiner Gerechtigkeit für den Menschen zu Gott auf. Nicht also als Frage nach jener verständlichen allgemeinen Weltgerechtigkeit, wie sie die Freunde Hiobs verstehen, sondern als Frage nach einem Gehaltensein von Gott, aus dem der Mensch zu leben und zu sterben vermag. Wie Hiob nimmt das Volk sein Leid als von Gott verhängtes auf sich; aber wie Hiob nimmt es dies Leid nicht einfach an; es will es verstehen; das heißt: es will den Willen Gottes, um dessentwillen es duldet, verstehen. Denn wie Hiob weiß es vor aller Frage, wacher oder dumpfer, klarer oder verhüllter, weiß es in jeder geschichtlichen Verkleidung, wird es in jeder wieder neu darauf gestoßen, weiß es dunkel auch noch in einer Zeit, in der es von ihm und seinem Namen losgerissen ist, daß es die Pfeile des Allmächtigen sind, die in ihm stecken. Aus dieser immer erneuten Gewißheit verlangt es wie Hiob, daß der, der es mit seinen Pfeilen trifft, unter dessen unmittelbarem Gericht es steht, ihm als der Gerechte offenbar werde. Denn auch die Frage des Volkes im Exil ist die nach dem verlorenen Zusammenhang von Leid und Schuld, auch ihm sind wie Hiob göttliche und menschliche Gerechtigkeit auseinandergebrochen, und auch es ist so in seiner Frage gezwungen, unablässig nach seiner eigenen Schuld zu suchen. Und wenn heute diese Frage vom realen Entsetzen und von der Frage nach seiner nackten Existenz überdeckt ist, unterhalb jeder zeitlichen ist es doch diese ewige Frage, die auf dem Grund aller seiner Fragen als die allein wirkliche brennt.

Aber klafft nicht gerade an diesem entscheidenden Punkt ein Abgrund zwischen dem Schicksal Hiobs und dem des Volkes? Während Hiob in seine Frühzeit als in eine Zeit vollkommener Reinheit und Schuldlosigkeit zurückblickt, steht am Anfang Israels nicht eine einzelne menschliche Schuld, sondern die Urschuld des Menschen schlechthin. Doch eben darum besteht dieser Abgrund nur scheinbar; über ihn führt die Brücke dieser Schuld selbst; denn an ihr als der Urschuld des Menschendaseins, die nur der Ausdruck dafür ist, daß in ihr die unterste Tiefe des Menschseins erreicht ist, hat mit allem menschlichen Dasein auch Hiob ursprünglich teil. Seine Reinheit kann unter denen, »da keiner rein ist«, nur Reinigung, seine frommen Opfer können wie alle menschlichen Opfer nur Sühne für die gemeinsame Schuld sein. Und wenn hier nochmals eine Kluft zwischen dem sich unaufhörlich reinigenden Leben Hiobs und dem Leben des Volkes sich aufzutun scheint, das in der Frühzeit Abfall um Abfall begangen hat, so reicht auch diese Kluft nicht in die Tiefe des wirklichen Daseins beider hinab, weil an diesem Punkt die Gleichung zwischen dem Leben eines Volkes und dem eines Einzelnen nicht rein aufgeht. Aus wachem, bewußtem und schlafendem, unbewußtem Leben besteht alles menschliche Dasein; während aber im Lebenslauf des Einzelnen nur die eine: die wache bewußte Linie sichtbar verläuft, die schlafende unsichtbar bleibt, sind im geschichtlichen Leben eines Volkes die wache und die schlafende Linie, das unerweckte und das erweckte Dasein gleich sichtbar. Die Linie des schlafenden, vorgeistigen Lebens ist bei allen Völkern, wenn auch in jedem ein verschiedener Kern wohnt, der Art nach verwandt; sie wird nur in der Geschichte der Völker in verschiedenem Maß und in verschiedener Weise von der wachen Linie ergriffen und entfaltet. In dieser bei allen Völkern verschiedenen wachen Linie tritt erst die Kraft des Kernes als entfaltete Pflanze ans Licht, in der wir erblicken, was ein Volk seiner Wahrheit nach ist. Mit seiner schlafenden Linie ist Israel das halsstarrige Volk, das seiner allen Instinkten einer unerhellten Masse zuwiderlaufenden Berufung mit dumpfer Gewalt widerstrebt, einer Gewalt, die – wie es gigantisch die Bachsche Johannespassion ausdrückt – das um die größere Lebensmacht des Kernes verstärkte Widerstreben aller dumpfen Menschenmassen gegen das Unbedingte ist – unendlich dunkler in Israel noch dadurch, daß seine wache Linie in ungeheurem Abstand als eine Kette leuchtender Gipfel über den Niederungen des Lebens verläuft, deren Glanz die Finsternis des Tales vollends zur Schwärze verdunkelt. In dieser seiner eigentlichen Linie, der prophetischen wie der priesterlichen, sehen wir Israel als den rasenden Versuch des Vergänglichen und Unreinen, sich vor der Ewigkeit und Reinheit des Einen zu reinigen, jede Seele in diese Reinigung hineinzureißen und damit die Masse zum Volk und das Volk zur Menschheit zu läutern.

Auf dem Boden dieses Ringens allein und im Zusammenhang mit ihm ist auch die unbedingte Reinheit Hiobs zu gewahren, die beides, Reinheit und Schuld, zugleich ist. Sein leidenschaftliches Festhalten an seiner Reinheit vor Gott ist als ein Überschreitenwollen der menschlichen Existenz, als ein Sichherausringenwollen aus der Sphäre, da keiner rein ist, gleichsam eine Nötigung Gottes; an ihr vermag darum Satan anzusetzen. Sie ist aber eben als dieser Wille zum Hinausgehen über die menschliche Existenz mehr als nur Wille zur eigenen Reinheit; sie nimmt das Menschendasein mit; sie ist – das ist die Bedeutung der Opfer, die Hiob für seine Söhne, für eine auch nur mögliche Schuld seiner Söhne mit bringt – zugleich stellvertretende Reinigung. In dieser Sphäre stellvertretender und damit notwendig die eigene Existenz überschreitender Reinigung und Sühne leben beide, Hiob und das jüdische Volk. Wie Hiob leistet das Volk die Sühne seiner Geschichte nicht für eine einzelne Schuld; indem es sie für den eigenen Abfall leistet, leistet es sie für die Urschuld des Menschengeschlechtes, für die es von Anfang an steht. Daß allein so: als Urbild und Stellvertretung der Menschengeschichte die Geschichte Israels in ihrer Wahrheit zu verstehen ist, bezeugt die gesamte Prophetie.

In der Sühnewirklichkeit des Exils ist zuletzt auch die Stimme der Prophetie verklungen, weil das Volk als Ganzes bis zur Entkörperlichung in die Reinigungssphäre eingeschmolzen ist und nichts mehr als diese vertritt. In ihr besteht, mag auch die Kluft zwischen der Menge und dem Rest sich nie schließen, der ganzen Volksgestalt nach die Trennung zwischen der wachen und schlafenden Seite nicht mehr. Das Schicksal hat die dumpfe Schicht hinweggeläutert; es gibt keine Wirklichkeit mehr in Israel, an die das Volk sich verlieren könnte; die Volkswirklichkeit, unter der Land und Staat hinweggeschmolzen sind, ist nur noch die des reinen Dienstes. Und nun erst fallen die Frage Hiobs und die des Volkes zusammen. Denn wohl kann das Volk nicht auf seiner Reinheit von je bestehen, weiß es sich von der Vorzeit her schuldig; aber eben als Volk des Exils, das in der reinen Sühne für das Vergangene lebt, das mit seiner Lebensform selbst sich vor Gott reinigt, vermag es die Schuld, die die immer erneuten Katastrophen auf es herabzieht, nicht zu finden. Es hat sein Äußerstes und mehr als sein Äußerstes getan: es hat das Übermaß als sein Maß bejaht; es hat anstelle jeder irdischen Heimat die Wirklichkeit des reinen Dienstes gesetzt: es ist in starrer Reinheit dem Gott des Ursprungs treu geblieben; es ist dem treu geblieben, der sich ihm nicht mehr als der lebendig Gegenwärtige offenbart; es trägt den Schatz der Offenbarung, die einem früheren Volk geschah, in strenger, leidenschaftlicher Ergebung durch leer gewordene Zeiten weiter; es hat inmitten der grausamsten Verfolgungen, inmitten der ungeheuersten äußeren und inneren Versuchungen sich immer neu für den verborgenen Gott der Väter, und nur für ihn allein, entschieden. Es ist mit ihm in jene letzte Einsamkeit gegangen, in die Hiob sich mit ihm begab, und es hat in ihr die gleiche finstere Verstrikkung gefunden. Wie Hiob lebt darum das Volk im Exil in einem einzigen leidenschaftlichen Prozeß mit Gott, wägt es immer erneut seine Schuld gegen die schweren Strafen Gottes ab. Es gibt keine große Leistung des Judentums im Exil bis in die späte Dichtung Kafkas hinein, die den Prozeßpartner nicht mehr mit Namen nennt, die nicht im Kern eine Theodizee, der Versuch einer Rechtfertigung Gottes vor seinem Volk oder einer Rechtfertigung des Volkes vor Gott wäre. Die ganze große nachbiblische Überlieferung kreist letztlich um diese Frage. Allein über die Frage nach der Schuld an der Tempelzerstörung, diese zentrale Frage des Exils, existiert eine ganze Literatur.

Was liegt aber in Wirklichkeit in diesem eigentümlichen Volksschicksal, in dieser einsamen rechtenden Treue des Volkes inmitten einer durch seine eigene Botschaft gewandelten Welt vor? Und warum widerfährt ihm von der Welt her immer wieder das gleiche, ohne daß es ihm nach der Weise der anderen Völker begegnet? Warum läßt es noch das Ungeheure wehrlos über sich ergehen? Eine Schuld muß dem zugrunde liegen, und sie muß außerordentlich sein. Naht man sich aber dem Schicksal des Volkes mit der Frage nach dieser Schuld, so zeigt sich sogleich, wie schwer es ist, sie aus dem Zusammenhang des Volksschicksals zu erschließen. Überall erweist sich der Zusammenhang von Schuld und Schicksal als ein in sich zurückkehrender Zirkel, in den von außen einzudringen unmöglich ist. Nirgends sind in ihm Ursache und Wirkung rein zu entwirren; nur Teilbezirke, wie der soziologische, der psychologische oder auch der abgelöst religiöse, sind in dem ungeheuren Problem zu erleuchten. Das Ganze ist ein einziger unentwirrbarer Knäuel, den jede Einzeluntersuchung vergeblich zu entwirren sucht, eine einzige dunkle Verflechtung von Schuld, Schuldlosigkeit und Schicksal, wie es das Hiobschicksal, wie es der tödliche Lebenswirbel des menschlichen Daseins überhaupt ist, den im Buch Hiob der Mensch fragend und beschwörend Gott zur Lösung vorlegt: derselbe aus dem Chaos aufsteigende, gegen das Chaos sich wendende Wirbel, den Israel von Anbeginn als sein eigenstes Anliegen vertritt.

Und zu dieser grundsätzlichen Schwierigkeit kommt heute noch die andere, daß es unmöglich scheint, die Schuldfrage in einem Augenblick zu stellen, in dem das jüdische Schicksal Formen angenommen hat wie die jetzigen, in denen sich die Züge eines Volksantlitzes zwangsläufig bis zur Unkenntlichkeit verzerren. Auch der aussätzige Hiob wird auf seinem Aschenhaufen in der Entstellung durch sein Leiden von seinen Freunden nicht erkannt. Aber wenn heute dies Problem nur mit letzter Scheu, wie die Wunde eines Todkranken, zu berühren ist, so ist es doch eben heute mit aller Wucht wieder aus seiner untersten Tiefe aufgerührt und ins Tageslicht getreten, so daß sich ihm zu entziehen unmöglich geworden ist.

Stellt man aber die Frage zunächst auch nur in ihrer primitivsten Form, rein von außen, fragt man, wie die Schuld des Volkes sich als konkrete in der Gemeinschaft äußert, worin die Menschen diese Schuld erblicken, so zeigt sich schon an der Oberfläche der üblichen Vorwürfe in ihrer eigentümlichen Vielfalt und Gegensätzlichkeit jener unentrinnbare Zirkel, in dem Ursache und Wirkung nicht zu entwirren sind. Lag die Schuld darin, daß Israel blieb, daß es nicht wie die anderen Völker sterben wollte? Lag sie darin, daß es nicht stark und rein genug sich selbst erhielt und sich weithin in die anderen Völker auflöste? Lag sie in der Assimilation oder in der Absonderung? Lag sie im Nationalismus oder im Aufheben alles Nationalen? Lag sie in der zu starren Gesetzlichkeit oder im Abfall vom Gesetz? Lag sie in der Unterwürfigkeit, oder lag sie im Hochmut? Lag sie im zu großen Intellektualismus oder in der zu festen Haftung am Materiellen? Hieß sie Kapitalismus oder Sozialismus? Was den Juden vor allem vorgeworfen wird, ist, daß sie das zersetzende Element in der Völkerwelt seien, während sie zugleich das konservativste Volk der Geschichte sind.

Keine dieser ganz verschiedenen, ganz an der Oberfläche bleibenden Anschuldigungen ist ganz zurückzuweisen; für jede ließen sich Belege finden. Aber dadurch, daß sie alle einander widersprechen, heben sie doch auch einander zugleich bis zu einem gewissen Grade wieder auf. Aber gerade so, in diesem Schwebezustand ergeben sie eigentümlicherweise alle zusammen etwas wie ein Gesamtbild des heutigen verstörten Volkes, wie es in den Augen der Welt erscheint. Und was man den Juden im Grunde vorwirft, was an ihnen fremd und abstoßend wirkt, was wirklich eine Stimmung gegen sie, auch bei manchen

Menschen guten Willens hervorruft (schon, daß hier überhaupt guter Wille not tut, beleuchtet grell das Problem), das ist nicht eine einzelne dieser schuldhaften Eigenschaften, es sind überhaupt nicht diese Eigenschaften selbst, sondern es ist eben das in ihnen allen sich ausprägende Gesamtbild: dies eigentümlich verzerrte Bild eines aus seiner Mitte und aus der Menschengemeinschaft verrückten Volkes.

Wie kommt es aber zu dieser seltsamen Verrückung und Verzerrung, zu diesem schwer erträglichen Anblick? Die bloße Fremdheit der Rasse erklärt an diesem Phänomen nichts. Der Rasse nach fremd sind auch andere Völker, auf die man nicht mit Abneigung und Entrechtung, geschweige denn mit Ausrottung reagiert. Auch ist es schwer, in einer Rasse, die Jesus und Judas, Spinoza und Shylock (der Dichtung, aber darum nicht weniger wahr ist), Paulus und einen großstädtischen Geschäftsmann umspannt, einen einheitlichen Typus zu erkennen – man käme denn auf die Gestalt des Menschen überhaupt. Aber auch die Tatsache der Minderheit reicht zur Erklärung des jüdischen Phänomens in keiner Weise aus; Minderheiten anderer Art haben nur, insofern auch sie mehr oder minder wehrlos sind und dadurch unter fremdem Druck stehen, ein teilhaft verwandtes Schicksal. In diesem durch alle Völker verstreuten Volk, das überall fremd, überall beheimatet und überall heimatlos ist, handelt es sich um etwas grundsätzlich anderes: um einen Menschentypus, der nicht mehr der ursprüngliche, urwüchsige, der deutlich ein von einem Jahrtausende alten Ausnahmsschicksal geformter und entformter ist. Es handelt sich um die Erscheinung eines seit undenklichen Zeiten aus der Natur und aus der schlichten Selbstverständlichkeit der Beziehung zu den Mitmenschen ausgewurzelten Volkes.

Denn was diesem Volk mit dem Verlust seiner Heimat,

was ihm mit der Zerstörung des Tempels widerfuhr, dies von den Frommen alljährlich erneut und unauslöschlich beweinte Geschehen, war ja kein natürliches Schicksal. Sondern es liegt in ihm eine so zermalmende Furchtbarkeit für das irdische Dasein, daß ihre Problematik so lange bestehen und daß so lange das Volk immer wieder sich ihr zu entziehen suchen wird, wie die jüdische Zerstreuung selbst besteht. Was damals geschah, war ja weit mehr als der Verlust einer bestimmten irdischen Heimat, mehr noch als selbst der Verlust der heiligen Stätte; es war ein Geschehen, das sich so niemals vorher und niemals nachher in der Völkergeschichte begeben hat: die Verpflanzung aus Raum und Zeit in ein Raum- und Zeitloses: in den reinen Sinn. So kommt über ein tief und fraglos wurzelndes Leben ein Sturm, stärker als jeder irdische Gewittersturm, reißt es heraus aus dem Erdboden, in dem es stand, den Ordnungen, in denen es wurzelte: es war sich ein Baum, die Welt um es her seine weite göttlich geordnete Landschaft. Nun ist es zu einem anderen geworden: zu einem, das nicht mehr wächst noch wurzelt, das heimatlos in die Landschaft, in der es stand, und in alle Landschaft starrt, weil es mit ihr hinfort nicht mehr in der ruhenden Einheit des Geschaffenen verbunden, sondern in ein fremdes, unsichtbares Erdreich eingepflanzt ist.

Vom Verlust der Heimat an ist nichts mehr im Leben des jüdischen Volkes selbstverständlich, weil das Geschehen, das zu leben und zu begreifen dem Volk von nun an als seine Geschichte auferlegt ist, wie das Schicksal Hiobs von außen nicht begreifbar ist. Darum ist von nun an nichts mehr in der Beziehung der Mitmenschen zu ihm selbstverständlich. Das Band der Gemeinschaft zwischen ihm und den natürlichen Völkern ist so tief und völlig zerrissen, als gäbe es keine menschlichen Werte, sondern nur die blinden Kräfte der Natur. Von Menschenliebe, Brüderlichkeit,

Erbarmen ist diese Beziehung so fern, als wäre das Gebot der Fremdlingsliebe, das von diesem Volk ausgegangen ist, niemals in der Welt erklungen. Aber es ist auch nicht Feindschaft, wie sie zwischen den anderen Völkern besteht, die die Völker diesem Volk entgegenbringen; es ist etwas weit Dunkleres, Unaufgehellteres und Verworreneres. Feindschaft ist, auch noch wenn sie die Welt zugrunderichtet, eine ehrliche, offene Sache, ein heller Speer, der offen die Luft durchschneidet, und mit dem sich ein anderer offen kreuzt. Was von der Völkerwelt aus als ein wirrer, unauflöslicher Knäuel von Haß, Verachtung und beide tausendfältig wiedererzeugender Verleumdung sich dem jüdischen Volk entgegenwälzt, ist ein unterirdisch kriechendes Gewürm, ist, wo eine gigantische Propaganda sich seiner bemächtigt, ein fortwucherndes Riesengeschlinge von Würmern, mit dem jeder offene Kampf unmöglich, ja, mit dem er unsinnig ist. Der Kampf mit solchem Gegner ist wie der Hiobs nicht mehr ein Kampf mit Menschen, sondern mit ungreifbaren Mächten, die sich hinter scheinbar menschlichem Tun bergen.

Niemals kann darum das Problem des jüdischen Volkes auf eine Ebene mit dem der anderen Völker gestellt werden, wie es oft versucht wurde, und wie es selbst dies auch in unserer Zeit immer wieder unternimmt. In dem gleichstellenden Wort Feindschaft ist das wirkliche Verhältnis zwischen den Völkern verkannt und verharmlost. Nicht gewaltig, nicht unheimlich, nicht ungreifbar und unangreifbar genug kann für die äußere und innere Entwicklung des Volkes der unterirdische Gegner eingeschätzt werden. Er ist ungreifbar, weil er bei aller Brutalität und Schamlosigkeit sein wahres Antlitz unter unendlichen, halb glänzenden, halb schmutzigen Hüllen verbirgt. Er ist unter aller Vielfalt seiner Begründungen und trotz der nie fehlenden Verquickung mit kahlsten Nutzerwägungen in seiner wirklichen Tiefe ein metaphysischer Haß; er ist in Wahrheit nicht gegen eine empirische Gemeinschaft gerichtet, sondern gegen das, was sie gründet; er ist eine aus der Tiefe des Menschenwesens selbst aufsteigende Urmacht: die feindlich zusammengeballte Macht der naturhaften Wirklichkeit, aus der es als Volk ausgeschieden ist, die sich gegen die ihr entgegengesetzte Macht erhebt. Und was in ruhigeren Zeiten verhüllt wirkt, das tritt in den ausbrechenden Katastrophen der Völkerwelt mit jener dumpfen Wucht ans Licht, wie sie allein die von keinem Strahl des Wissens aufgehellten, von keiner seelischen oder geistigen Kraft beherrschten dunklen Lebensgründe aus sich entlassen.

Ein Pariavolk hat der Soziologe Max Weber das jüdische Volk mit Wahrheit genannt. Aber dies Wort bedeutet in der abendländischen Welt in zweifacher Hinsicht noch etwas anderes als in der Welt, der es entstammt. Dem Parialos des Inders ist durch den Seelenwanderungsglauben die Bitterkeit seiner Endgültigkeit in der Zeit genommen; sein Leben ist nur eine Minute in der Weltzeit der Wandlungen, in der er als in seiner eigenen Zeit lebt: die Gewißheit zukünftiger Verwandlung hebt weithin schon die gegenwärtige Lebensgestalt auf. Das Los des jüdischen Volkes hat die ganze zeitliche Schwere, die mit der Einmaligkeit des Menschenlebens gegeben ist. Und während dem Parialos des Inders die geheiligte Kastenordnung auch die räumliche Einordnung in ein Ganzes gibt, wird das Schicksal des jüdischen Volkes gerade durch die radikale Unordnung und Unheiligkeit menschlicher Verfolgung geschaffen, die es aus jedem erkennbaren Plan herausfallen läßt.

So ist auch die Rückwirkung dieses durch die zweifache Gesetzlosigkeit vertieften Parialoses auf das jüdische Volk eine andere, unendlich schwerere und verwirrendere. Wie sollte nicht die Verfolgung durch die Mitmenschen, die es aus der Gemeinschaft aussondert, zwangsläufig die Züge eines Volksantlitzes entstellen? Alles menschliche Glück, alle menschliche Entfaltung hängt daran, sich durch anderes wertgehaltenes Leben im eigenen bestätigt zu finden. In einer Zeit, als noch nicht die Katastrophe den ganzen Abgrund des Judenhasses enthüllt hatte, hat der große christliche Dichter Péguy die Wirklichkeit einer Gemeinschaft, der das Glück dieser Bestätigung durch ihre ganze Geschichte hindurch versagt geblieben ist, in den Worten ausgesprochen: »Ich kenne dies Volk wohl; es hat auf seiner Haut keine Stelle, die nicht schmerzt, an der es nicht einen alten Stoß, eine alte Quetschung, einen dumpfen Schmerz, die Erinnerung an einen dumpfen Schmerz, eine Narbe, eine Wunde, eine Verletzung hätte, vom Osten bis zum Westen.« Und wiederum beginnt der unentrinnbare Zirkel: eine so grausame Verwundung und Entstellung des Volkskörpers wirkt notwendig auf die anderen Völker zurück und erregt wie der Anblick des mit einer bösartigen Krankheit Geschlagenen, um ihretwillen aus der Gemeinschaft Verstoßenen, immer neu ihre Abneigung. Und wie sollte auf der anderen Seite ein so tausendfältig verletztes und ausgestoßenes Volk nicht auch sich selbst schwer kenntlich werden? Wie sollte gerade dies Volk, das, seit Jahrtausenden durch die Völkerwelt ausgegossen, ihr Leben mitlebend, anders als alle anderen Völker für sie aufgeschlossen ist, durch die Verachtung einer Welt, die auch die seine ist, nicht sich selbst in Frage gestellt fühlen? Und die Gefahr der Selbstverkennung, der Selbstverachtung und des Selbsthasses wächst ins Ungemessene dadurch, daß der Haß nicht in offenem Kampf ausgetragen, der Verleumdung nicht begegnet, die Verachtung nicht offen zurückgegeben werden kann. Gewiß kann und darf der jüdische Mensch die verachten, die ihn verachten, weil er in seiner Rechenschaftsablegung klarer als die anderen das Dunkle, Hohle und Niedrige dieser unaufgehellten Instinktwirrnis durchschaut. Aber auch noch abgesehen davon, daß er an dem, der ihn verachtet, immer auch vieles ihm selbst Versagte mit der Leidenschaft des Enterbten bewundert, bedeutet dies keine Erleichterung seines Problems, sondern eine Erschwerung und Verzerrung mehr; es hebt die Selbstachtung nicht, von denen verachtet zu werden, die man verachtet. Das bezeugt Shakespeares Shylock, diese abgründigste jüdische Gestalt der Weltdichtung, der der Unsterbliche, der sie geschaffen hat, nicht einen einzelnen lichten Menschen, sondern eine ganze Welt des Lichts, der Schönheit, der Freiheit, der Freude, jeder Lebenssüßigkeit gegenübergestellt hat, um ihn selbst um so tiefer in der Schwärze und Unseligkeit seines Schicksals versinken zu lassen. Denn auch Shylock selbst ist im Grunde kein Einzelner; auch er vertritt eine Welt: die Welt der Nacht und des Fluches, in die das jüdische Volk von der Mitwelt verstoßen ist. Darum steigen aus dem Munde dieser ganz verwilderten Gestalt doch auch die ursprünglichsten und und furchtbarsten Anklagen gegen Gott und die Menschheit auf, die sie zu einem unfrommen, verzerrten Gegenstück Hiobs werden lassen.

Auch Hiob spart nicht mit Worten der Verachtung gegen seine Verächter: »Mein Knecht scheute nicht, vor meinem Angesicht zu speien« – mit dieser Klage, die mit seiner ganzen Verachtung gegen den niedrigen, aller Scheu vergessenen Menschen auch die ganze Ohnmacht dieser Verachtung ausspricht, gibt der stolze Morgenländer erst ganz sich selber preis.

Wie könnte der, vor dem der Geringste ausspeit, auf den die Welt mit Fingern zeigt, ein reines Verhältnis zu sich selbst gewinnen? Kann er je der Welt und sich selbst gegenüber fraglos sein? Wird er nicht ständig auf sich selbst zurückgeworfen? Ist er nicht immerfort gezwungen, das verzerrte Bild, das ihm der Spiegel der Weltverachtung zurückwirft, neu vor sich selbst zu prüfen? Muß er nicht immerfort sich deuten und wie oft mißdeuten? Ist ihm nicht ganz das fürstliche Geschenk der Unbefangenheit versagt? Ist nicht Hiobs Klage über seine verlorene Freiheit, die Menschen anzulächeln, die tiefste Klage auch des jüdischen Volkes? – Wie viele außerordentliche Menschen sind in einer Zeit, in der die Katastrophe unterirdisch schon am Werk, aber noch nicht ausgebrochen war, in der darum das jüdische Problem noch nicht so offen dalag, die Auseinandersetzung mit ihm noch nicht so klar zu leisten war, einer falschen Selbsteinschätzung zum Opfer gefallen! Der zu einer Metaphysik entwickelte, sein Leben zerbrechende Selbsthaß eines so hohen und unseligen Geistes wie Weininger ist nur ein einziges besonders krasses Beispiel dafür. Der Verlust der Selbstachtung ist überall da die zwangsläufige Folge der unvergeltbaren Verachtung der anderen, wo ein Mensch nicht in die volle, verantwortliche Auseinandersetzung mit dem jüdischen Problem eingetreten ist. Aber auch wenn diese Auseinandersetzung ganz geleistet, wenn der Weg frei ist, die Existenz sich selbst gefunden hat: wie stolz und sogar wie freudig man es tragen möge, Jude zu sein: man muß es *tragen.* Es ist Schicksal, ein Schicksal, das jedem persönlichen vorausliegt und es mitentscheidet.

Und die Auseinandersetzung mit dem eigenen Schicksal ist dadurch noch weit tiefer erschwert, daß das Volk nie und nirgends allein ist. Immer ist es in Gegenwart der anderen, die es bedrängen und sich in alles Seine, in sein Leben, sein Tun, sein Wissen, seine Gestaltungen und noch in das Innerste seiner Entscheidungen einmischen. Denn es hat ja kein Zuhause, in dem es bei sich sein, sich bergen könnte. Es lebt ohne Schutz, ohne Mauern in seiner offenen Höhle, deren Finsternis sein Antlitz verdunkelt und in die der Schein eines fremden Tages noch unkenntlicher machende Schatten wirft; alle seine Entstellungen, alle seine Wunden und Schwären, sein Heimlichstes, sein Leid liegen den Augen der Menschen bloß. Jeder hat ein Urteil über dies Volk, das er mit Augen sieht und das mit den Augen des Leibes nicht zu sehen ist.

Denn es ist ein unsichtbares Volk geworden. Wenn es seit der Zerstreuung nie den klaren, äußeren Umriß der anderen Völker besaß – heute ist es vollends von außen wie von innen nicht nur den anderen Völkern, sondern auch sich selbst unsichtbar geworden, sich und der Welt ein dunkles, unauflösbares Rätsel. Von der klaren Volkswirklichkeit des biblischen Israel ist das heutige Volk durch all die Welten getrennt, in die es verstreut und verstrickt war, durch die es tätig und duldend hindurchgegangen ist. Und vollends der moderne europäische Jude hat seit fast anderthalb Jahrhunderten so ganz das Leben der europäischen Völker mitgelebt, ihr heidnisches und christliches Erbe mitverwaltet, in ihren Sprachen gesprochen und gedacht, in ihren Zusammenhängen gearbeitet und gewirkt, daß er nur noch in den dunklen, sinnfremden Schichten seines Lebens – und auch sie sind in den letzten Generationen weithin aufgelöst und mit fremden Urbildern vermischt – Jude geblieben, in der Sinnsphäre Europäer, ein Mensch mit europäischem Bewußtsein ist. Und gerade die zentralen Träger des heutigen Schicksals: die *deutschen* Juden waren, seit Moses Mendelssohn sie mit dem ersten Aufstoßen der Ghettotür sogleich tief in die deutsche Geisteswelt hineingeführt hatte, von der deutschen Tradition, die sie mittrugen, tief und entscheidend geprägt, bis in die untersten Schichten des eigenen Wesens mit ihr verwachsen. Die Tat des bekannten jüdischen Germanisten, der sich in den Tagen nach der Machtergreifung Hitlers vor einen fahrenden Schnellzug warf und sich mitten auseinanderreißen ließ, bleibt ein furchtbares Symbol für die Unlösbarkeit der Verknüpfung nicht nur in diesem Einen, sondern im deutschen Judentum überhaupt. Auch der große Heimkehrer zum jüdischen Geist und Leben, Franz Rosenzweig, hat ausgesprochen, daß wenn einmal Deutschtum und Judentum auseinandergerissen werden sollten, er diese Operation nicht lebendig überstehen würde.

Es ist für den am leidenschaftlichsten eine Rückkehr zum jüdischen Leben Erstrebenden wie für den erbittertsten Verfolger des Volkes unmöglich, sich darüber zu täuschen, daß in dieser Verwachsung mit dem Fremden ein neuer veränderter Menschentypus entstanden ist – ein Typus, der mit dem kompakten einstigen jüdischen Menschen, mit dem der Antike wie mit dem des Mittelalters höchstens noch partiell verwandt, keinesfalls mehr gleichzusetzen ist. Wer in diesem Augenblick als europäischer Jude Wirklichkeit und Sinn des jüdischen Schicksals zu ergründen unternimmt, tut es, von jeder persönlichen Stellung noch abgesehen, seiner realen geschichtlichen Lage nach in dreifacher Gestalt: er tut es der Sprache, der geistigen Tradition nach als Europäer, er tut es der weltgestaltenden Zeitrechnung, dem Aeon nach, in dem er mitlebt, als Christ; er tut es dem Schicksal seines Volkes und seinem Einzelschicksal nach als Jude. Und diese Mischung ist noch einmal unterirdisch dadurch kompliziert, daß der gesamte europäische Humanismus als christlicher letzthin auf dem alttestamentlichen Erbe ruht: auf der Schöpfung der Welt und der Schaffung des gottebenbildlichen Menschen. Darum ist die Assimilation, wie es am klarsten in dem letzten Vertreter der vorkantischen Ratio: Mendelssohn, und in der Endgestalt der nachkantischen Ratio: Hermann Cohen, hervortritt, keineswegs eine bloße Entfremdung; der jüdische Geist brauchte gleichsam nur sein Eigenstes bloßzulegen, um sich selbst auf dem Grunde der europäischen Entwicklung wiederzubegegnen und in ihr sein menschheitliches Erbe zu übernehmen.

Auf der anderen Seite waren aber durch ihr Teilhaben an der europäischen Entwicklung die modernen Juden tief auch in die europäische Auflösung hineingerissen, lebten sie als Europäer in wachsendem Maße in einer chaotischen, sinnfremden Welt. Was man angesichts dieser allgemeinen Zersetzung immer wieder noch besonders das Zersetzende im jüdischen Geist genannt hat, ist insofern mehr als ein bloßes Schlagwort, als die Juden die Zersetzung der modernen Welt in doppelter Weise: als die Europas und als die ihres eigenen Erbes in sich erfuhren. Aber diese doppelte Zersetzung war zugleich die negative Seite einer gewaltigen Schärfung des Wahrheitssinnes, der von der Mitte des vergangenen Jahrhunderts an mit strenger Offenheit die Lügen und Verderbnisse einer sinkenden Kultur aufgedeckt hat. So halfen freilich die Juden die Auflösung, in der sie lebten, vollenden, lösten sie so zugleich als Volk, als einheitlicher Typus, sich bis zur Unkenntlichkeit auf. Immer weiter klaffte zunächst in dieser Entwicklung der Gegensatz zwischen Osten und Westen, bis dann auch der Osten selbst weithin sich in die westliche Entwicklung einzufügen und damit sich selbst aufzulösen begann. Was von den Juden am Ende einer Epoche übrigblieb, in der sie den vermessenen Traum geträumt hatten, Menschen wie andere Menschen zu sein, war eine vollkommene Auflösung der jüdischen Wirklichkeit und des jüdischen Menschen selbst. In seinen »Erinnerungen eines Europäers« gibt Stefan Zweig ein krasses Bild dieser Auflösung des modernen Judentums, all dieser einander fremd und unbegreiflich gewordenen Existenzen, die plötzlich wie von einem entsetzlichen, unverständlichen Zufall aufgescheucht, durch die gemeinsame Verfolgung »wie Schmutz auf den Straßen zusammengekehrt werden…, die Bankdirektoren und die Synagogendiener, die Pariser Philosophieprofessoren und die rumänischen Droschkenkutscher, die Leichenwäscher und die Nobelpreisträger…, die Schriftsteller und die Branntweinbrenner«, und noch mehr diese einander wildfremden Existenzen, die einander auf ihrer Flucht fremd und unbegreifend anstarren und denen nur eines gemeinsam ist: das Aufgescheuchtsein, das Zusammengekehrtwerden. Und er fügt dieser entsetzlichen Schilderung eines unfaßlichen Schicksals hinzu: »Selbst Freud, das klarste Ingenium dieser Zeit, wußte keinen Weg, keinen Sinn in diesem Widersinn.«

DER URSPRUNG

Wenn wir es wagen, die Frage nach einem Geschehen zu stellen, in dessen Ungeheuerlichkeit, obwohl er sein grauenvolles Ende nicht mehr erlebte, der klarste Geist der Zeit keinen Sinn zu finden vermochte, so können wir die Kraft dazu nur schöpfen aus dem Zurückgehen auf den Ursprung, auf jene uralten verschütteten Quellen, die der große Jude Freud, so mächtig sie unterirdisch in ihm selbst noch rauschten, sich durch sein europäisches Denken verdeckt hielt. Und gerade an der unterirdischen Prägung des Weltbildes dieses großen atheistischen Europäers, in der gegen sein Wollen und Wissen durch die rein wissenschaftliche Struktur seines Denkens das Ganze der alttestamentlichen Wahrheit mit schmerzlicher Gewalt sich hindurchsetzt, erfahren wir noch einmal in einer nun völlig gewandelten Form das unzerstörbare Leben des Ursprungs.

Aber zugleich mahnt uns diese gewandelte Form der alten Wahrheit, in der Betrachtung des biblischen Erbes streng die Distanz zu wahren, die den von ganz anderen Mächten und Wirklichkeiten geprägten heutigen Menschen – Jude wie Christ – von dem gewaltigen geschlossenen Menschentypus des biblischen Israel trennt. Es ist jene Distanz, die Nietzsche im Rückblick auf die Welt des Alten Testamentes in dem Wort festgelegt hat: »Man steht mit Ehrfurcht und mit Schrecken vor diesen ungeheuren Überbleibseln dessen, was der Mensch einst war.« Nie wieder kann der Mensch zu dieser Größe seiner Frühzeit zurückkehren, und selbst in unserem Erkennen vermögen wir nur schattenhaft, nur als ferne Ahnung den Umriß seines mächtigen Bildes nachzuzeichnen.

Und doch betrachten wir heute das biblische Erbe nicht mehr allein aus dieser absoluten Ferne; es ist in eigentümlicher Weise auf uns zugerückt: die Mächte, die Geschehnisse in ihm sind uns näher, vertrauter. Denn seit jenem die Wirklichkeiten scheidenden Wort Nietzsches hat sich die Welt in doppelter Hinsicht verändert. Wohl ist in dem kurzen Zeitraum, der uns von ihm trennt, der Mensch noch weiter, noch sichtbarer zerfallen, hat er sich im heutigen Weltsturz in Chaos und Nichts vollends aufgelöst. Aber je weiter dieser Zerfall fortschritt, je kleiner, winziger, staubhafter die schließlich zu einer blutigen Masse zusammengestampften Menschen wurden, um so gewaltiger schwollen die Ereignisse an, als nährten sie sich von den dem Menschen entzogenen Kräften selbst. Diese Entwicklung hat sich auch am jüdischen Schicksal, und an ihm mit besonderer Wucht, vollzogen. Nietzsche lebte in einer Zeit, in der das Schicksal des jüdischen Volkes dem modernen Menschentypus angepaßt, klein, halb und undeutlich geworden, nur noch ein unterirdisches Grollen in den Fundamenten seines Daseins war. Inzwischen ist der Sturm losgebrochen, hat das Schicksal des jüdischen Volkes Formen angenommen, die die der Schicksale des biblischen Israel erreichen und noch überschreiten: Schicksale von noch grausamerer Entsetzlichkeit, als sie in dem schwersten aller Gottesflüche im fünften Buch Mose verkündet sind. Bis in die untersten Wurzeln erschüttert und verwirrt stehen wir so heute vor der Tatsache: ein jüdisches Volk im Ursinne, im Sinne sichtbaren Volkseins überhaupt, gibt es nicht mehr; aber der Fluch, der in der Frühzeit auf das Volk geworfen wurde, ist auf ihm liegen geblieben und heute erst in seiner ganzen Kraft und Wirklichkeit erfüllt.

An der Einzigkeit dieses Fluches allein ist heute das Volk

noch zu erkennen, ist es als eine Wirklichkeit biblischer Art zeitfremd aus allem Zeitlichen, raumfremd aus allem Räumlichen herausgehoben und eigentümlich und furchtbar geheiligt. Wir haben nicht mehr die gewaltigen Gestalten, mit denen Gott von Angesicht zu Angesicht redete; aber mit dem Volk, dem armen, ausgestoßenen, verachteten und verzerrten, kaum mehr kenntlichen Volk redet er heute noch von Angesicht zu Angesicht. Keine moderne Skepsis fegt das hinweg; vielmehr wird sie selbst hinweggefegt von dem unergründlichen Sturm eines über Jahrtausende hinwegbrausenden Schicksals, das in diesem Augenblick das Volk an seine Urzeit wieder anschließt. Denn mit dem Fluch ist auch der Segen gesetzt, in dem er gründet, an dem allein er seinen Sinn hat. In dem Fluch selbst leuchtet die Verheißung: »Ich will meinen Geist auf deinen Namen gießen« als tiefster Grund der überbordenden Tragik der ganzen jüdischen Geschichte auf. Daß der in seiner Wirklichkeit längst verblaßte Name des Ursprungs in diesem Augenblick jedem jüdischen Menschen durch den Widersacher als Schandmal und Todeszeichen wieder aufgedrückt wurde, ist eine seltsame Offenbarung dessen, was sich heute mit dem jüdischen Volk begibt.

Es gilt also, wenn wir uns dem Verständnis des jüdischen Schicksals nähern wollen, dies und allein dies alle seine Wandlungen Überdauernde zu ergründen: den Fluch und den Segen. Sie allein geben, indem sie ihm seine äußersten Grenzen geben, dem Volk seine unsichtbare Wirklichkeit, die es von der Tempelzerstörung an bis zum heutigen Tage unzeitgemäß, unraumgemäß, als reines Mysterium in verschlossener Fremdheit der sichtbaren Wirklichkeit der anderen Völker gegenüberstellt. Je radikaler geschichtlich das Leben und Denken der europäischen Völker wurde, um so fremder, unverständlicher blieb dies zu keiner Kirche ausgesonderte Volksmysterium in ihrer Mitte zurück, wurde es zugleich durch das, was an ihm allein sichtbar und den Völkern unverständlich war, zum Gegenstand der Feindschaft, der Verachtung, der Verfolgung und des Auswurfs der Völker. Immer dringlicher stellte sich damit die Lebensfrage des Volkes als die Frage: *Muß* dies Volk ohne alle Grundlagen volkhaften Daseins, in das sein Sinn, wo er nicht durch die furchtbarsten Katastrophen gewaltsam und verwirrend aufgerührt wird, nur noch verdämmernd aus der Vorzeit herüberleuchtet, muß dies ständig verstörte und zerstörte Volk überhaupt leben? Und warum muß es leben? Wäre es nicht für das Volk unendlich viel leichter gewesen, aus der Geschichte zu verschwinden und nur als Mythos erhalten zu bleiben? Woher stammt ihm und was bedeutet diese rätselhafte Kraft, die gerade dies Volk unter Bedingungen, die gar nicht eigentlich Lebensbedingungen waren, die vielmehr eine einzige, bald verborgenere, bald offenere Zerstörung aller Lebensbedingungen eines Volkes waren: dies heimatlose Volk, dies Volk ohne sichtbare Gestalt, ohne Land, Staat und Macht, dies zuletzt auch noch sich selbst unsichtbar gewordene Volk, unter die von ihrem natürlichen Grund getragenen, von mächtigen Staaten gestützten Völker zerstreut, während diese erblühten und starben, durch die Jahrtausende hindurch am Leben erhalten hat?

Auch in diesem Geheimnis ist es mit dem Schicksal Hiobs verbunden. Gott hat dem Satan jede Macht über seinen Knecht zugestanden, seinen leiblichen und seelischen Prüfungen keine Grenze gesetzt – außer der der Vernichtung. Auch das Leben Hiobs ist sichtbar gekennzeichnet allein noch durch den Fluch. Im Fluch umreißt sich seine Wirklichkeit, ist er herausgehoben aus der menschlichen Gemeinschaft, die ihn nicht begreift und darum verwirft, ist er verstoßen auf den abgesonderten Aschenhaufen, in das Grauen des Todes, erfährt er in ihm erst die Finsternis des Geheimnisses, das über seiner Frühzeit in sein eigenes Licht verhüllt leuchtete. Warum müssen beide am Leben bleiben, so dicht an der Grenze des Todes, vom Tod geschlagen leben? Ist auch darin dasselbe Verhängnis, dieselbe Kraft, derselbe Ursprung am Werk?

Der Beginn des Lebens Israels ist wie der des Lebens Hiobs. Im Anfang sind Gott und Israel Eine Gestalt des Lebens; noch nach der Austreibung aus der ersten Heimat sind sie unlösbar verbunden. Wie es vor dem Fall kein Leben hat außer dem Leben Gottes, so hat es nach dem Fall, mit dem seine Geschichte beginnt, keine außer der Geschichte Gottes. Aus dem Atem, durch den Gott, ihn seinem Gebilde einhauchend, sich ihm eint, bricht der Ursturm des Geschehens zwischen Gott und Mensch hervor, der Israels Geschichte ist, in dem Gott den Menschen an sich reißt und verstößt und über jede Verstoßung hinweg in Forderungen und Verheißungen ohne Maß immer neu an sich reißt. Es ist der Sturm, der das Leben der Erzväter mit seiner brennenden Gewalt durchbraust, es ist der Wüstensturm, der die Häuser Hiobs in einem Augenblick zum Einsturz bringt; es ist der Sturm, aus dem Mose durch Meer und Wüste dem Volk den weglosen Weg bahnt, auf dem in Rauch und Flammen der Weg der Wege zu ihm niederfährt. Rauch und Flamme und zehrendes Geheimnis ist immer um dies Geschehen; aus dem brennenden Dornbusch redet immer die Stimme des Ewigen, dessen namenloser Name das Geheimnis des alles Welthafte in seiner Flamme verzehrenden reinen »Ich bin« ist. Wie könnte die aus diesem sengenden Urgeheimnis in die Geschichte des Volkes eingegrabene Brandspur je in ihr verlöschen? Wie könnte sie selbst dort ganz verlöschen, wo der namenlose Name nicht mehr als Wort anwesend, wo er nur noch in der Struktur des Geschehens wirkend ist? Nicht im Blut, in der naturhaften Substanz des Volkes – in dem, was sich mit ihm begibt: in seiner dunklen, rätselvollen, von Schrecknissen, Boten des Ewigen durchkreuzten und durchwalteten Geschichte lebt die Spur seines Ursprungs in immer neuen Hüllen und Verborgenheiten weiter. Durch sie ist bis in sein heutiges Schicksal hinein diese Spur in das Sein des Volkes eingezeichnet, wie in ein zerbrochenes Gefäß aus Urzeiten die keinem Sterblichen mehr entzifferbare Schrift seines Schöpfers eingebrannt ist. Ja, noch an einem einzelnen Buchstaben, einem abgesprengten Splitter des Gefäßes ist in Augenblicken die gleiche Schrift wiederzuerkennen – wie in den niedrigen, verworfenen Botengestalten Kafkas in Augenblicken Schönheit geheimnisvoll aufblitzt.

Nur scheinbar kann dies Ursprungsgeheimnis in den Weltzerfall hineingerissen werden. Denn nur das Gestaltete ist vergänglich. Uns aber ist gesagt: »Hütet euch sehr um eurer Seelen willen: Gestalt habt ihr keine gesehen, als der Herr mit euch redete!« Keine Gestalt! Nichts Sichtbares, nur das gestaltlose Wogen des Lebens und Todes. So dicht am Abgrund des Nichtseins ertönt die Stimme, die vom Menschen sein ganzes Sein unerbittlich fordert. Um unserer Seelen willen ist in diesem Ruf Schau und Erkenntnis vom Ewigen abgewehrt. Nichts soll erblickt, nichts erkannt werden, wo allein dies Eine von uns gefordert ist: unser Leben. Und dies Eine so ganz, so restlos, bis zu der erbarmungslosen göttlichen Paradoxie, vor der in der Schöpfungsgeschichte Gott selbst zurückschreckt, die die ganze Geschichte Israels gegen sich herumkehrt, um die das Gespräch Gottes mit Satan, um die alle Fragen Hiobs kreisen: daß wir kurzlebigen, bedingten, ganz im Vielen und Gestalteten lebenden Geschöpfe ihm, dem Ewigen, Gestaltlosen, Einen und Unbedingten gleich werden sollen. Welche Seele, die im Lauf der Jahrtausende diesen Aufruf des Einen durch die Vielheit des Lebens hindurch vernommen hat, hat sich vor ihm nicht entsetzt? welches Leben unverstört auch nur den Versuch unternommen, ihm zu folgen? Er schreckt die Seele auf und verstört sie, wie er die Seele Hiobs aufscheucht und verstört; er bringt durch das Übermaß, mit dem er sie mißt, an ihr alle irdischen Übel zum Ausbruch; er scheint durch das Übermaß seiner Maße sich selbst der dunklen Macht anzugleichen, die mit grausamer Inbrunst an der Seele den Auftrag der Heimsuchung vollzieht und sie damit in die äußerste Verlassenheit verstößt. Denn dieser Ruf ist ja kein ferner verklungener Mythos, keine Legende der Seele; er ist als seine lebendige Wahrheit in den Bau jedes Menschendaseins eingemauert, in jedem Augenblick bereit, ihn zu sprengen. Es ist dieser Ruf, den noch der späte, alles Wirkliche mit der Kraft seines Denkens auflösende Atheist Freud als letzte unauflösbare Wirklichkeit wieder auf dem Grunde des Menschendaseins vernommen hat, den er mit unerbittlicher Wahrhaftigkeit als den Ruf vernommen hat, der es in den Tod ruft. Denn zum Ebenbild des Gestaltlosen aufgerufen, auf dessen Anblick der Tod steht, sind wir in unseren eigenen Tod gerufen. Daß wir den lebend nicht erreichen können, dem wir uns entgegenbilden sollen, bedeutet die Hingabe unseres Lebens bis in den Tod. Der Aufruf zu ihr reißt unmittelbar die Seele aus dem Vielen, aus Bild und Gleichnis heraus in das Eine und Ganze, reißt sie damit heraus aus allem Vergangenen und Gegenwärtigen in die gestaltlose Zukunft, in das reine Reich dessen, was noch nicht ist. Um unserer Seelen willen sollen wir uns allem bereits Abgeschlossenen, Gegenwart und Gestalt Gewordenen entziehen und uns allein der lebendig offenen Zukunft zuwenden, die unser ganzes wirkliches Leben zu ihrer Gestaltung verlangt. Denn allein die Zukunft ist das Wirkliche, ist gegenüber allem Halbwirklichen, Bruchstückhaften, immer schon halb Vergangenen der

Gegenwart das Reich der heilen vollendeten Wirklichkeit. Und um Wirklichkeit geht hier alles. Allein der Weg der wirklichen Seele durch die wirkliche Schöpfung in die Zukunft des wirklichen Reiches ist der Weg Israels. Hier ruht das gewaltigste Pathos, der letzte Ernst der jüdischen Existenz. Hier ruht er, mögen auch seine Symbole wechseln, für alle Zeiten. Um unserer Seelen willen ist uns verwehrt, uns schauend oder gestaltend der Gegenwart hinzugeben, statt lebendig voranzuschreiten in die Zukunft. Um unserer Seelen willen sollen wir uns nicht fremdem noch eigenem Werk hingeben, sondern allein dem, was in der Zukunft durch uns wirklich werden soll: der aus Kampf und Not des Vielen durch die einigende Kraft unseres Herzens geeinten, Einen Menschheit.

Denn diese eine im Frieden geeinte Menschheit ist kein wirklichkeitsfremder Traum: sie ist das schlichte wirkliche Ziel jedes unserer Wege. Das Reich, in dem die Schwerter zu Sicheln, die Speere zu Winzermessern umgeschmiedet werden, ist in keinem anderen Sinne überschwenglich, als für den, der auf dem Weg ist, alles Ziel die überschwengliche Sphäre ist. Und dies Ziel ist ja um nichts überschwenglicher als der Weg, der zu ihm führt: die Hingabe des ganzen Lebens.

Aus dieser Beziehung auf die Zukunft als das in der Gegenwart zu Verwaltende entspringt die ganze Kraft des Volkes zur Gemeinschaft und sein ganzes Verstoßensein aus ihr. Durch das Verbot des in der Gegenwart Erscheinenden um der reinen Zukunft willen, durch das in der Flamme des reinen Ich bin entspringende Verbot von Bild und Gleichnis um des unmittelbaren Menschseins willen ist das Volk Israel von allen Völkern der Erde getrennt, aus Mythos und Magie, aus allem, was *um* den Menschen, *neben* dem Menschen ist, was nicht ganz und gar der Mensch selbst ist: aus allen Mächten, allem Zauber, allem Erblickbaren und Gestalteten, allem vom Menschengeist Erkennbaren, und damit auch aus aller reinen Idee, allem in sich ruhenden Wissen herausgehoben und mit strenger Abgrenzung gegen das von ihm nicht mehr zu verwaltende Kosmische in das ihm allein Anvertraute: die reine, gestaltlose Mitte des Lebens, in die unmittelbare menschliche *Verantwortung* gestellt.

Dies Menschenbild, kein Bild, sondern eine Wirklichkeit, bildloses Bild des Menschseins, fremd und entgegengesetzt den Menschenbildern aller anderen Religionskreise und Kulturen, hat sein Licht durch die Jahrtausende geworfen, quer durch alles europäische Denken und Gestalten hindurch, und es immer wieder neu aus seinen Angeln gehoben. Bis zum heutigen Tage hat es alles bloße, in sich fortlaufende Denken von innen her bedrängt, alles bloße Menschenwerk immer neu in Frage gestellt und gesprengt. Keine noch so streng gestalthafte Geistesschöpfung irgendeiner abendländischen Epoche wäre ohne dies ihr Vorgegebene denkbar.

So zeichnet sich der Weg Israels als der Weg des gestaltlosen Einen durch die Vielfalt der geistigen Gestalten der Welt. Nun aber ist dieser Weg der Seele zugleich der Auftrag an sein *Volk*. Damit ist, während er auf der einen Seite durch das Christentum hindurch das europäische Menschenbild mitgestaltete, aus ihm zugleich die eigentümliche Wirklichkeit des jüdischen Volkes hervorgegangen, diese Wirklichkeit, die durch ihre Grenzenlosigkeit selbst sich den anderen Völkern entgegenstellte und zugleich einzufügen vermochte und sich dadurch in ihnen erhielt. Denn diese schwer begreifliche Volkswirklichkeit ist ja raumfremd und zeitfremd in der Wüste gegründet als ein reiner Kreis um Gott, das von dieser ersten an in immer neuen Bundesschließungen erwählte, ihn umschließende, ihm antwortendes *Wir* einer übervolkhaften Gemeinschaft. Der Mythos des Volkes selbst, sein innerer Lebensumriß ist der mythischen Sphäre entrückt, führt es über alles Kosmische empor, unter alles Kosmische hinab. Der Jubelruf Gottes durch den Mund des Propheten: »Denn wo ist ein Volk wie mein Volk Israel, erlöst von den Heiden und ihren Göttern!« löst machtvoll die Wirklichkeit seines Volkes von der aller anderen Völker los. Aber damit ist auch schon die ganze Schwere seines irdischen Schicksals gegeben. Indem es als Volk einsam wohnt, unter die Nationen sich nicht rechnet, das heißt: unter die Gesetze, die das Volk zur Nation machen, sich nicht beugt, ist es aus der grenzhaften Welt des Einzelnen und Vielen, die die der anderen Völker ist, ausgerissen und als Volk unter den unmittelbaren Aufruf des Einen zum gestaltlosen Ganzen gestellt. Indem an dies Volk, anders als an jedes andere, der Ruf ergangen ist, Volk zu sein und nicht Staat: Volk, das Gott gründet, nicht Staat, den der Mensch baut, reiner Auftrag ohne Gestalt und Grenze, ist es ausgesondert, in seinem Volksein selbst die Menschheit zu vertreten. Dies ist vom Ursprung bis zur Endzeit sein unaufhebbarer Sinn. Adam ist nicht der erste Jude, er ist der erste Mensch; das messianische Endziel ist nicht die Erlösung des jüdischen Volkes; es ist die Erlösung des Menschengeschlechts. Von diesem Anfang zu diesem Ende verläuft sein Weg durch die Geschichte. In der Strafe, die es durch die Welt verstreute, sind Sühne und Bestimmung geheimnisvoll ineinander verschränkt; die Strafe für die Schuld des Volkes drückt zugleich die Vollendung seines Schicksals und seine innerste Bestimmung aus: der Verlust der irdischen Grenzen dient der Erfüllung seines Auftrags. Es ist keine späte Entartung, es ist das ihm von Anbeginn Verheißene; es ist sein innerstes Daseinsgesetz, ohne begrenzende und abgrenzende Formen, fremd den gigantischen Organisationen der Völkerwelt, quer durch sie alle hindurch, sein

Leben zu haben, nicht ein räumlich und zeitlich Umgrenztes, sondern ein Grenzenloses zu sein: ein *Sinn.* Alle festen Formen und Mauern, mit denen die Völker sich im Leben verschanzt und gegeneinander gesichert haben, konnten für das Volk, das sein Gesetz vor seinem Lande empfing und nur um des Gesetzes willen sein Land durch vierzig Wüstenjahre suchte, immer nur etwas Vorläufiges sein. Zu keiner Zeit und in keinem Raum konnte es sich mit seinen äußeren Bedingungen identifizieren. Die menschlichen Daseinsbedingungen: Raum und Zeit, in denen die anderen Völker als in ihrer natürlichen Begrenzung wohnen, sind ihm, dem ständig in ihnen aufgescheuchten und losgerissenen, nicht problemlos gegeben; sie sind ihm wie Hiob schmerzhafte Frage; wie sie es durch sein Schicksal immer neu in Frage stellen, stellt es sie durch seine Gestalt selbst in Frage. Wie oft es diesem Gesetz zu entschlüpfen, in Zeit und Raum sich selbstverständlich einzuordnen suchte, es hat aus seinem Gesetz heraus nie den Weg in die sich gegeneinander organisierende und bewaffnende Völkerwelt gefunden; es ist seit der Tempelzerstörung ohne äußere, gliedernde und trennende Schranke in einer nicht mehr vom Menschen durchgrenzten Welt: im reinen Raum, in der reinen Zeit, in der reinen Schöpfung stehen geblieben, lebendiger, todfremder, menschheitsnäher als die anderen Völker, als erfüllte es wider sein eigenes Wollen immer weiter und zu seinem irdischen Fluch das ihm unsterblich eingeprägte Gesetz. Wie es mit der Zerstörung des Tempels endgültig den eigenen Raum und damit den Anteil am allgemeinen Raum verlor, so ist auch die Zeitrechnung der Völker nur äußerlich die seine. Seine eigene Zeitrechnung schließt es unmittelbar an die Schöpfung an. So lebt es seit der Zerstörung des Tempels unter den zeitlich und räumlich gegliederten Völkern in einer raum- und zeitfremden Welt. Das Wort, das Jochanan ben Sakkai nach der Zerstörung der sichtbaren Opfer- und Sühnestätte einem um den Verlust des Heiligtums weinenden Jüngling sagt: »Trauere nicht, mein Sohn, wir haben ja eine Sühne, die jener gleicht: es sind die Liebeserweisungen« – dies Wort umfaßt mit einem gewaltigen Griff die ganze Wirklichkeitssphäre, die nach der Zerstörung des letzten sichtbaren Zeichens der Gemeinschaft als die einzige Volkswirklichkeit übrigblieb: die gestaltlose Wirklichkeit der Liebeserweisungen tritt für alles Sichtbare, für jede räumlich und zeitlich umgrenzte Welt ein. Aus den gestaltlosen Liebeserweisungen der Menschen soll sich über der Schöpfung das Reich erbauen, auf das hin sie geschaffen ist: das erfüllte, vollendete Wir der einen geeinten Gemeinschaft. Und wie dies Wort die auf den Menschen bezogene, so spricht das Wort eines anderen Weisen die auf Gott bezogene Wirklichkeit des tempellosen Volkes aus: »Es bleibt uns allein das Gebet und die Züchtigung durch die Leidensverhängnisse.« Und all dies: Liebe, Gebet und Leiden noch einmal zusammenschließend sagt ein drittes Wort: »Galuth ist die Sühne für alles.«

DIE SCHULD

Mit diesem »Alles« ergießt sich ein uneingedämmter Strom von Schuld über Israel. Was ist dies Alles, das es durch das Exil sühnt? Was hat dies Volk getan? Welches Ungeheure hat es auf sich geladen? *Alles*; es ist wirklich alles, das Ganze der Schuld, die Menschheitsschuld überhaupt, für die es als Volk steht, für die es die Sühne zu leisten hat. Dies Unerhörte hat es auf sich herabgezogen. Von Anfang an steht es ja mit seiner Schuld für die des Menschengeschlechtes. Im Herausbrechen aus dem ursprünglichen Umfangensein von Gott liegt die Schuld des ersten Menschen. Was im Buch Hiob der Satan bewirkt, indem er das Verbundensein Gottes und des Menschen im gemeinsamen Geheimnis antastet und auflöst und den Menschen ins Leere stürzt, das geschieht in der Schöpfungsgeschichte durch den Ungehorsam des ersten Menschen. Doch furchtbar und geheimnisvoll verwirrt ist der Ursprung des Bösen: auch Adam ist von der dunklen Gegenmacht verführt. Über ihren Auftrag erfahren wir hier nichts; wir hören nicht, wie sie sich mit Gott beredet, um den Menschen zugrunde zu richten. Wir erkennen nur ihre Wirkung: das Sichlosreißen des Menschen von Gott und seine Verstoßung aus der Heimat in eine harte, fordernde Fremde, in der der Tod, der in der Schöpfung vor dem Fall nicht war, der in der Natur ruhevolles Gesetz ist, durch die Sünde des Menschen zu dem Riß geworden ist, der als Einbruch Gottes durch jedes einzelne Menschenleben hindurchfährt und, indem er es dem Ganzen entreißt, es einsam vor sich selbst stellt.

So dunkel und ausweglos, so im Letzten bedroht und verwirrt zeichnet sich hier der Wirbel der menschlichen Existenz, in der Leben und Tod, Gut und Böse, Gott und Satan, sich in dem Denken und Erkennen unerreichbarer Tiefe mischen. Denn nur in der zeitlichen Auseinanderlegung der mythischen Darstellung erscheint ja als Ursache und Wirkung, was in Wahrheit das schicksalsträchtige Geheimnis, der tief verschlungene Schicksalsknoten der menschlichen Existenz ist, die immer in Gott gegründet und immer auch schon von ihm losgerissen ist.

Aus dieser Tiefe der Lebensverknotung der Mächte ist das zentrale Ereignis der Geschichte Israels entsprungen: das ihm am Sinai offenbarte, dem Menschen zur Entscheidung zwischen Leben und Tod, Gut und Böse vorgelegte *Gesetz*. Hier, am Gesetz als göttlicher Offenbarung klarer Wege für den im Dunkel irrenden Fuß des Menschen, Aufruf aus Nacht und Chaos zum klar geordneten menschlichen Leben entspringt von nun an durch die Jahrtausende jede Bewährung und Abirrung des Volkes, entspringt jede Anschuldigung, jede Anklage gegen das Volk, das der Welt diese Offenbarung gebracht hat.

Die eigentümliche Schuld, mit der das Gesetz von Anbeginn das Volk belastet, ist, mag auch die menschliche Anklage dies ahnungslos verwischen, der schuldlosen Schuld Hiobs verwandt. Israel hat am Sinai die Thora angenommen, und es hat sie nicht nur für sich, es hat sie für die *Menschheit* angenommen. Daß die Gerechtigkeit, die dies Gesetz verkündet, wie die Schuld, zu deren Überwindung es gegeben ist, nicht nur für ein Volk, sondern für die Menschheit gilt, spricht getreu dem Ursinn Israels das Wort der Überlieferung aus: »Hätte Israel am Sinai die Thora nicht angenommen, so hätte Gott die Welt ins Chaos zurückverwandelt, oder die Engel hätten die Welt vernichtet.« Aus diesem Wissen, daß an die Annahme des

Gesetzes und an die Treue gegen das Gesetz nicht nur der Bestand Israels, sondern der Welt gebunden ist, daß so dem Volk im Gesetz die Menschheit anvertraut ist, stammt der ungeheure Zorn der Propheten. Warum wurde aber gerade diesem Volk, das ein irdisch unzulängliches Volk wie alle Völker, das ein leidenschaftliches, kriegerisches, ein fehlbares, ständig angefochtenes Volk war, diese übermäßig schwere Stellvertretung auferlegt? Die Überlieferung sagt, daß auch den anderen Völkern die Thora angeboten wurde, daß aber allein Israel sie angenommen habe. Wie konnte Israel, und nur Israel, dies wagen, was kein anderes Volk wagte? Und warum hat gerade Israel es gewagt? Geschah es aus Hochmut, Selbstüberhebung? Wollte es mit dieser Entscheidung für ein Übermäßiges sein Auserwähltsein bekräftigen? Nur rein von außen, abseits vom Mysterium des Volkes und des Gesetzes kann derart, was der bloße Rauch der Flamme ist, für die Flamme seiner Entscheidung selbst genommen werden. Eine so schwere, so grausame Erwählung zieht kein Volk und kein Einzelner aus Hochmut, überhaupt rein willentlich auf sich herab. In dieser Entscheidung sind Freiheit und Notwendigkeit nicht getrennt; sie vollzieht sich im Ausgeliefertsein an den eigenen innersten Wesenskern: an den *Heilskern* des Volkes, in dem die Berufung empfangen ist, deren ungeheure Gewalt es in den Wehen seines Schicksals austrug und bis ans Ende seiner Geschichte austragen muß. Denn in der Annahme des Menschheitsgesetzes ruht schon die ganze Schwere seines Verhängnisses. Mit ihr hat das Volk sich einer Bestimmung übergeben, die es inmitten des geschichtlichen Lebens nicht verwirklichen kann, die erst am Ende der Geschichte erfüllt werden kann durch den, der die Schöpfung zum Reich und die Völker zur Menschheit vollendet. Die höchste unirdische Hoffnung des Volkes ist so tiefste irdische Entsagung. Trotzdem ist Israel zur Verwirklichung der Verheißung aufgerufen, und es hat die Berufung angenommen. Der Zorn der Propheten richtet sich also gegen ein Versagen, das von Gott aus gesehen schwerste Schuld, menschlich gesehen unabwendbar ist. Es ist, wie die Hiobs, wie die des ersten Menschen, die menschliche Schuld schlechthin: die Schuld *des* Menschen, der den Anruf des Unbedingten an sein zerbrechliches Dasein vernommen, den Anspruch, im reinen Dienst an ihm ein Unbedingtes zu verwirklichen, in seinem durch und durch bedingten Leben erhoben und sich damit überhoben hat.

Hier, an der Annahme des Gesetzes setzt, fernab vom Bewußtsein der Menschen, alle Feindschaft gegen Israel an. Um der Vollkommenheit des Gesetzes und um des Versagens vor dem Gesetz willen wird das jüdische Volk erbarmungslos von den Völkern verfolgt. In der Frage: Warum aber, da es doch die allgemeine Schuld ist, gerade dies Volk? rühren wir an die echte Wurzel des Judenhasses aller Zeiten. Es geschieht letzthin darum, weil dies Volk als Volk mit seiner Geschichte von Anfang an unter einem anderen Vollkommenheitsanspruch steht, weil es, ein irdisch menschliches Volk wie alle Völker, aus dem Geheimnis seiner Frühzeit, aus dem unmittelbaren Angerufensein vom Unbedingten sich anders als die anderen Völker in seine gleich aller Menschengeschichte dunkle und fragwürdige Geschichte gestaltet, weil es damit die allgemeine Schuld anders als sie alle, weil es sie wie Hiob beantwortet hat. Alle anderen Völker haben in der Art, wie sie sich in die Geschichte gestaltet haben, diese Schuld aufgenommen und fort und fort bestätigt, ihren Anteil an ihr als vereinzelte Staaten, Machtgebilde, in Angriff, Selbstverteidigung, Verteidigung ihrer Grenzen gegen die der anderen verwirklicht und damit jedes in seiner Weise der allgemeinen Schuld Gestalt gegeben, die in der Feindschaft aller gegen alle mündet. Unter allen Völkern ist ein einziges, das in der Treue gegen seinen Ursprung im Blick auf das unverlierbare Menschheitsziel sich nicht in dieser Weise in die Wirklichkeit gestaltet, seinen Anteil an der Menschheitsschuld nicht realisiert, nicht auf sich genommen hat. Wie Hiob hat es sie abgewiesen und sich in der Gestaltung seiner Volkswirklichkeit unmittelbar dem ihm von Anbeginn gewordenen Auftrag des Unbedingten unterstellt. Aus der Übernahme des irdisch Unannehmbaren ist über alle Wandlungen und Einschnitte hinweg seine ganze irdisch düstere Geschichte, ist alles, was an Schuld, an Verfehlung und Verwerfung auf ihm lastet, erwachsen. Die Abirrungen des biblischen Israel vom Weg zur Vollkommenheit, die Friede ist, waren mit furchtbarer Strenge bestraft worden. Selbst die Kriege Gottes waren zugleich als Götzendienst verworfen. Der frommste, Gott am vollkommensten gehorchende, der messianische König darf dem Herrn kein Haus bauen, weil er ein Mann blutiger Hände ist. Erst in der Sühne des Exils, im Leben des von aller sichtbaren Form gelösten Volkes sind die blutigen Hände getilgt, kehrt das Volk zur reinen, Gott allein unterstellten, Staat, Krieg und Gewalttat ausschließenden Gemeinschaft zurück, nimmt es als Volk die Haltung auf sich, die in dem Aufruf zum Einen und Ganzen von ihm gefordert ist, die es von dem Weg der anderen, fraglos dem Vielen dienenden, volkhaft immer im Heidentum verbliebenen Völker entfernt. Damit ist es für sie als christliche Völker zu einem steten dunkel mahnenden Vorwurf geworden, ist aber auch umgekehrt an ihm der Vorwurf haften geblieben, der es durch sein schicksalhaftes Versagen vor dem, was es auf sich genommen hat, zu dem ungeheuren Zeichen der Sühne und Verstoßung werden ließ, zu dem die Prophetie es als Gotteszeugnis ausgesondert hat: dies Doppelschicksal, in dem Segen und Fluch in ihrer geheimnisvollen, übergeschichtlichen

Identität und in ihrem nie überbrückten geschichtlichen Abstand sich zeigen.

Immer in Berufung und Verwerfung, in Sollen und Versagen, steht so das Volk, das von den Völkern als ihr Gegenbild verworfen wird und sie durch seine Wirklichkeit verwirft, für die *Menschheit*. Von der Gegenwart der Völker abgewendet, vertritt es die Menschheit als die, die noch nicht ist: in der reinen *Zukunft*. Die Bestreitung aller Gegenwart von der Zukunft aus, dieser Strom der Erlösungskraft des Volkes, treibt es in immer neuem messianischem Drängen in die Zukunft hinein. – Bis plötzlich der Strom sich staut, die überfüllte Zukunft sich wendet und als gegenwärtige Erlösung in die Zeit hereinbricht. Es geschieht das Unausdenkbare: aus der unermeßlichen Tiefe und Fruchtbarkeit des Heilskerns, in dem der Aufruf des Einen empfangen ist, spaltet sich der Kern: was unsichtbar als übervolkhafte Volkskraft in ihm treibt, tritt als sichtbare, personhafte Wirklichkeit ans Licht und stellt sich ihm erneut als unbedingte Forderung entgegen. Der Zorn der Propheten wird überboten durch die ungeheuerste Milde, die das Volk inmitten der Geschichte vor die Frage der Enderlösung stellt. So wird die göttliche Milde Israels selbst zum Schwert, das das Volk spaltet, mit dem ein unabsehbares Verhängnis, schwerer als alle seine früheren, über das Volk hereinbricht.

Dies ganz reale, geschichtlich-übergeschichtliche Verhängnis wird dadurch nicht berührt, daß wir, wie es oft von jüdischer Seite geschehen ist, rein geschichtlich an die Erscheinung Jesu herantreten, sie von der Geschichte her aufzulösen suchen, uns gegen die Wunder, die sie in den Evangelien und in der Apostelgeschichte umgeben, als gegen spätere fremde Zutaten verschließen. Denn diese Wunder sind ja, nicht anders als die Wunder im Leben der

Erzväter, Moses und der Propheten, nur der Ausdruck seines Lebensverhältnisses zu den Mächten im Symbol als dem Ausdruck einer dem denkenden Erkennen unerfaßbaren Wirklichkeit. Dies Lebensverhältnis ist im Kern das gleiche; das Verhältnis Christi zu Tod und Leben, Zeit und Ewigkeit, Gut und Böse, Gott und Mensch, ist reine Wahrheit Israels; vom Ursprung des Volkes über alle Wunder und Begebnisse seiner Geschichte führt eine einzige Linie des Widerstandes gegen Zeit und Tod, Chaos und Nichts in das Tote erweckende, selbst aus dem Tod auferstehende Leben des evangelischen Christus. Nur daß in ihm dies Verhältnis aus Aufruf und Lehre zum selbst gelebten Leben, daß alles, was dort Verkündung und Gericht ist, zum sich selbst verkündenden Ich wird. Das »Ich aber sage euch«, mit dem Christus das Wort der Propheten: »So spricht der Herr« ablöst, mit dem er, die Wahrheit der Alten bekräftigend, sich von ihnen löst, ist jedesmal das Zeichen, daß die auf sein menschliches Ebenbild als Endziel gerichtete Wahrheit Gottes in der Geschichte zu ihrer übergeschichtlichen Paradoxie vollendet, daß im Zeugnis der evangelischen Gewißheit Gott Mensch geworden ist.

Und damit ist alles von Grund auf verändert, der Anspruch ein neuer, unerhörter. In der Gestalt des Mensch gewordenen Gottes hat die Grundwahrheit Israels den Kreis des Volkes gesprengt, es in der untersten Tiefe gespalten: gespalten in den Teil, der die Wahrheit Gottes in der Gestalt Christi angenommen und in brennender Jünger- und Apostelschaft in die Welt getragen hat, und in den Teil, der Gott in der Gestalt des menschlichen Selbst als mit der letzten Wahrheit Israels unverträglich abgewiesen hat. Der Teil, der Christus angenommen hat, lebt nicht mehr; er hat sich mit der Welt verschmolzen; der Teil, der ihn abgewiesen hat, lebt als von der Welt verworfene Gemeinschaft sein dunkles geschichtliches Schicksal weiter.

Aber wie immer man zu dieser Entscheidung stehe, wie leidenschaftlich man sie bejaht oder verneint – nur aus der letzten Tiefe Israels kann die ungeheure Tragödie des jüdischen Volkes begriffen werden, daß es um seines Eigensten willen sich gegen sein Eigenstes entschied.

Denn was in dieser Entscheidung geschah, war wie in der Annahme des Sinaigesetzes ein Geschehen im Heilskern selbst. Die Wucht dessen, was sich ihm entwand, spaltet selbst den Kern: die aus der Tiefe des Volkes aufgestiegene messianische Botschaft, wie sie sich in die Welt entfaltet, gerät in Gegensatz zu der, die es in sich bewahrt. Nichts Einzelnes, nichts Äußeres hat hier entschieden; es war wirklich der Kern, der zersprang. Es war das Gesetz als Kern des Kernes, an dem die Spaltung sich vollzog. Das Gesetz, das Jesus gekommen war zu erfüllen, wurde durch Christus gesprengt. Es wurde gespalten in den Teil, der in der erfüllten Wahrheit des Christentums abstarb, und in den, den das Volk mit um so größerer Inbrunst verwaltete und zu immer neuen Formen entfaltete. Der Ruf der Juden im Johannesevangelium, mit dem sie den Tod Christi fordern: »Wir haben ein Gesetz!«, dieser starre, leblose Ruf, der im Chor der Bachschen Johannespassion das Gesetz vor der erschienenen Gnade vollends zum Geschwätz erniedrigt, spricht nur den Leerlauf des an Christus erstorbenen Gesetzes, nicht die lebendig fortbrennende Wahrheit des im jüdischen Volk als Heiligtum bewahrten Gesetzes aus. In der untersten Tiefe dieser Hälfte des am Mysterium Christi zersprungenen Kernes brennt der Widerstand gegen den Mensch gewordenen Gott als Widerstand gegen die verletzte göttliche Identität, die im Gesetz Gottes in Klarheit offenbart ist, brennt der Widerstand gegen die verletzte menschliche Solidarität, die unter dem Gesetz Gottes in Schlichtheit verbürgt ist. Beide verletzten Lebenskreise können nur in einer anderen Lebensdimension wieder geschlossen werden: in *Gnade* und *Glauben*; beide sind im Damaskus-Erlebnis, das fortan allem christlichen Leben voranleuchtet, eins.

Das Volk, das mit seiner Entscheidung sich aus der Geschichte der Völker gelöst hat, hat anstelle der Gnade und des Glaubens sich ein Drittes bewahrt, das von beiden wesensverschieden doch Anteil hat an beiden: die *Hoffnung*. Die Hoffnung ist die Blüte des Gesetzes; sie entspringt ihm als göttliches Geschenk und menschliche Entscheidung. Das Prophetenwort, das wie kein anderes den Sinn des Gesetzes für das Volk ausspricht: »Du sollst durch Gerechtigkeit bereitet werden, du sollst ferne sein von Gewalt und Unrecht!« hat dies Volk unter eine andere Verheißung und unter eine andere Verpflichtung gestellt als alle Völker der Erde. Es hat die Hoffnung auf das Heil an das Bestehen des Volkes gebunden und das Bestehen des Volkes an die Hoffnung auf das Heil. Die einzige Frage, die von dem himmlischen Richter an jede vor ihm erscheinende Seele gestellt wird, lautet nach einem Wort des Talmud: »Hast du gehofft auf das Heil?«

An der Hoffnung entscheidet sich alles. Denn sie ist keine unwirkliche, abstrakte, kein wirklichkeitsfremder Traum. Sie ist die Kraft der Seele zu ihrer eigenen Wirklichkeit; an ihr erweist sich die ganze Wirklichkeitsmacht der Prophetie. Sie ist die Wirklichkeit des Menschenlebens unter dem Gesetz. Denn die Forderung des Gesetzes, die an jede einzelne Seele ergeht, kann im kurzen, beschränkten Leben des Einzelnen nicht erfüllt werden; der Einzelne kann sie nur verwalten und von Leben zu Leben, von Geschlecht zu Geschlecht weitergeben an das Ganze der Gemeinschaft. Die Verwaltung der messianischen Hoffnung ist also die in der Gegenwart verantwortete Zukunft der Gemeinschaft und damit Verantwortung schlechthin. Als solche ist sie der Sieg der zentralen menschlichen Kraft über Chaos und Tod, die Überwindung des Todes im Leben der Gemeinschaft.

Die Hoffnung und das Ausharren in der Hoffnung um der im Frieden geeinten Menschheit willen ist so die höchste Bewährung des Volkes; sie ist auch seine tiefste Not. Denn die Hoffnung ist es, die es unaufhebbar an seine geschichtliche Existenz bindet, die sein Ausgespanntsein durch die ganze Geschichte und sein Verstoßensein aus ihr bedingt. In der Hoffnung liegt die unermeßliche Heilsspannung, aus der sein Nichtsterbenkönnen entspringt, liegt sein Verweilenmüssen auf der Erde und seine Heimatlosigkeit auf ihr. Die Unermeßlichkeit dieser Heilsspannung hat der Größte, der um Christi willen aus ihr herausgetreten ist, in der Gewißheit ausgesprochen, daß das Volk, das der Welt das Heil gebracht hat, als letztes in die Enderlösung eingehen wird.

Am Festhalten an der Hoffnung ist die Entscheidung des überlebenden Volkes gefallen. Diese Entscheidung als eine nationale begreifen, heißt völlig den Volksbegriff Israels verkennen. Nicht an einer äußerlich umgrenzten Volkswirklichkeit, am *Sinn* dieser Wirklichkeit fiel die Entscheidung. Als Volk des ihm ins Herz geschriebenen Gesetzes hat es sich der Auflösung seines Bestandes verweigert. Denn an ein Volk war sie ergangen, als Volk stand es für sie ein. Als Volk der Menschheitserlösung verweigert es in einer unerlösten Welt die Annahme der Erlösung; als Volk des in der Gegenwart verantworteten zukünftigen Wir verweigert es sich dem in der Gegenwart erfüllten Ich; als wartendes Volk scheut es in der Durchbrechung der Zeit die Bedrängung des Endes, verwirft es den Ansturm der Liebe und wählt die unendliche Geduld vor Gott. In alldem weigert sich das Volk der Sühne, die übernommene Bürde abzuwerfen, bevor die Versöhnung erreicht ist, den Liebeskreis zwischen Gott und Israel zu zerbrechen, bevor die

Sühne ihn geschlossen hat. So nimmt es die um eine Unendlichkeit erschwerte Last erneut auf sich, nimmt es sie von da an in jeder geschichtlichen Entscheidungsstunde wieder auf sich, und Märtyrertode ohne Zahl bezeichnen diesen Weg.

So wurde das Verhängnis der Spaltung mit dem schwersten Siegel besiegelt. Nichts konnte die beiden dem gleichen Kern entwachsenen Heilsgestalten tiefer, unversöhnlicher einander entfremden, als daß mit dem Kern auch die Schuld, der Sinn der Schuld zersprang. Was von außen gesehen Schuld, das wird von innen gesehen Bewährung; was von innen gesehen Abfall vom ewig Zukünftigen, das wird von außen, von der Forderung aus, die es aus sich entlassen hat, Versagen vor dem ewig Gegenwärtigen.

Daran, daß von dem Erscheinen Christi an die Frage nach dem Heil als Frage nach dem Bestand des Volkes gestellt wird, erweist sich der Mysteriencharakter des jüdischen Volkes. Nicht an Völkern, Staaten und nicht an einem einzelnen Staat – am Bekenntnis, an der *Kirche* entscheidet sich sein Leben oder Sterben; in der Sphäre des Heils fällt die Entscheidung über sein Bestehen. Von der Kirche aus stellt sich die Frage: Kann und darf dies Volk, nachdem es seine Heilsbotschaft an die Welt abgegeben, nachdem die Welt seine Gabe angenommen und als ihr Eigentum angenommen hat, noch den Anspruch erheben, ein Eigenes zu verwalten? Kann und darf es Volk bleiben? Von innen, vom Volk her lautet die Frage: Soll und darf das Volk des Heils sich als Volk aufgeben? Darf und soll es zu dem Übervolkhaften, das sein Auftrag ist, sich bis zu der paradoxen Folgerung bekennen, daß es mit dem eigenen Sein den Auftrag aufgibt, der sein Sein ausmacht: Künder, Diener, Knecht des Menschheitssinnes zu sein? Denn als *Volk* verwaltet allein Israel diesen Sinn. Ein christliches Volk hat es nie gegeben. Christliche Gemeinschaftsgestaltung gab es immer nur abseits von der Volkswirklichkeit: als Kirche, als Mönchtum, in den großen außerkirchlichen christlichen Bewegungen, in den großen Werken der christlichen Kultur. Das jüdische Volk trägt die Wirklichkeit seines Heils in sich selbst. Allein der Jude wird als Jude, als Träger seiner Heilswirklichkeit geboren. Damit ist er einer Treue gegen sein Volksein angeschlossen, die von aller nationalen Treue verschieden, ein so tiefes Eingepflanztsein in den Ursprung ist, daß sie auch dort nicht abreißt, wo die Inhalte der Heilsbotschaft, die sie gründen, verblaßt und erloschen sind. So wenig wie die Entscheidung über die Annahme des Sinaigesetzes ist darum die Entscheidung über die Forterfüllung seines Auftrags frei; sie ist an das innerste Müssen gebunden, das in diesem Auftrag selbst lebt. Allein das Volk, an das er ergangen, in dessen Lebenskern er eingesenkt ist, zu dem gesagt ist: »Denn er ist euer Leben!« kann ihn derart im Innersten seines Seins bewahren. Ihm allein tritt er nicht wie der ganzen übrigen Welt von außen entgegen; ihm allein ist er ins Herz gegeben; ihm allein ist er nicht Gestalt, sondern gestaltlos strömendes Leben. Hier ist es ganz allein mit seinem Gott, ist es mit ihm in das Geheimnis eingeschlossen, aus dem die Gewißheit Hiobs aufsteigt: »Denselben werde ich mir sehen, und meine Augen werden ihn schauen und kein Fremder!« Zu diesem Mysterium gibt es von außen keinen Zugang; hier sind die Freunde unnütze Zeugen. Alles in ihm ist Verborgenheit und Rätsel, ist die alte biblische Verschlingung von Segen und Fluch. Denn auch dies Äußerste widerfährt ihm immer wieder: gerade in dies letzte Alleinsein mit Gott drängt, von ihm selbst zugelassen, die Gott fremde und entgegengesetzte Macht sich unaufhaltsam ein. Die Vereinsamung mit Gott führt selbst dies Verhängnis mit sich. Denn dies Alleinsein schenkt sich dem Sterblichen nicht ohne Prüfung; es selbst ist die äußerste Prüfung; das Antlitz, auf dem der Tod steht, ist immer von Tod umgeben. Immer neu muß das Volk, das aus diesem letzten Lebensgeheimnis lebt, in ihm erschüttert und verstört, immer neu muß es tödlich verwundet, in den Tod verstoßen werden. Jede geschichtliche Katastrophe stellt es erneut vor die Frage seines gesamten Bestandes, vor die Frage nach Begnadung oder Verwerfung, nach Leben oder Tod.

Indem das Volk die aus seiner messianischen Tiefe aufgestiegene Welterlösung aus seiner messianischen Tiefe selbst verwarf, hat es sich erneut dem Schwersten übergeben, hat es sich um der Erlösung willen ein zweites Mal in die irdische Unlösbarkeit seiner Frage, in die Schlinge des unerlösten Daseins verwickelt. Indem es in der Unendlichkeit seines Sühnewillens aus seinem eigenen Herzen sich das Siegel aufdrückte, das es endgültig gegen die Welt versiegelte und damit sein Leidensschicksal besiegelte, ist der Jude im Exil zu dem geworden, der zweimal das Menschenschicksal lebt: heimatlos und flüchtig zu sein auf Erden, der damit gerade *das* lebt, was die Völker und die Einzelnen von sich aus zu leben verweigern und in der Gestaltung ihres Daseins tausendfältig von sich abhalten. Nach Bestimmung und Schicksal ist so wiederum das jüdische Volk ausgesondert, das Untragbare aus allem Völker- und Menschenleben auf sich zu nehmen und in seiner gestaltlosen Gestalt auszutragen: nun erst ganz ein Bild des düsteren Sühneopfers, das im dritten Buch Mose zur alljährlichen Versöhnung Gottes mit der Gemeinschaft gefordert ist: jenes noch vor aller Schuld stehenden Tieres, das mit der Überlast der den Menschen nicht mehr tragbaren Sünden beladen in die Wüste hinausgestoßen wird – nun auch erst ganz ein Bild jenes entgegengesetzten, aller Schuld göttlich enthobenen Opfers, das im zweiten Jesajabuch, aus der Verstoßung eines bewußtlosen Wesens zur freien Tat stellvertretender Liebe gewandelt, als das Sühneopfer des Gottesknechtes für die Sünden der Menschheit aufstrahlt: Bild der vollendeten Wahrheit Israels, in dem die beiden in der Geschichte auseinanderbrechenden Heilsgestalten so innig eins sind, daß sie noch vom selben Kern umschlossen scheinen.

Zwischen Fluch und Segen: dem Fluch der Ausstoßung des vorbewußten Tieres, und dem Segen freien messianischen Selbstopfers – beide jenseits seiner Grenzen – liegt die Wirklichkeit des Volkes im Exil, von ihren beiden Grenzen her unheimlich verdüstert und geheimnisvoll erleuchtet. Das Licht des Segens ist in der Wirrnis des geschichtlichen Lebens tief verhüllt; die Finsternis des Fluches liegt offen am Tage. Denn was könnte der Mensch tiefer verachten und verstoßen als das, was er an sich selbst verworfen und von sich getan hat? Er wirft es nicht nur fort; er will es nicht mehr kennen, er verbirgt sich vor ihm. Von dem, der alles Menschliche, Schuld, Krankheit, Schmach und Sünde der Welt auf sich genommen hat, von dem Gottesknecht des Jesaja steht geschrieben: »Er war so verachtet, daß man das Angesicht vor ihm verbarg.«

DIE VERFOLGUNG

So verbergen die Völker, die Einzelnen vor dem, was dies Volk trägt und ist, als vor dem verworfenen und ausgesonderten Eigenen ihr Antlitz, wenden sie es durch alle Zeiten hindurch in Haß und Verachtung von ihm ab. In diesem Augenblick, in dem der durch die ganze Geschichte ausgegossene Judenhaß sich in einem Einzigen zusammengeballt und die Züge der Weltzerstörung angenommen hat, ist der Ursprung dieses Hasses mit unheimlicher Gewalt ans Licht getreten. Das Wort des Verfolgers zu seinem Freund und Verräter Rauschning: »Jeder von uns trägt den Juden in sich; er ist nur draußen leichter zu verfolgen als drinnen«, legt mit verblüffender Eindeutigkeit die Wurzel des Judenhasses aller Zeiten bloß. Und nicht Hitler hat diese Wahrheit entdeckt; in den ersten Jahren unseres Jahrhunderts hat Weininger sie in denselben Worten ausgesprochen, und der heutigen Psychologie sind diese Zusammenhänge geläufig geworden. So aber erweist sich der ganze Antisemitismus als eine einzige ungeheure Selbstentblößung der Menschheit. Und so verstehen wir auch, warum die auf das jüdische Volk geworfenen Anschuldigungen gänz voneinander verschiedene und einander entgegengesetzte sind.

Aber damit erhebt sich auch in neuer bedrängender Realität die alte Frage: Warum widerfuhr dies gerade diesem Volk? Warum ist dies Volk für diese furchtbare Projektion so geeignet, daß sie es durch seine ganze Geschichte begleitet und verfolgt hat? Die Antwort ist auch diesem rein äußeren Geschehen gegenüber die gleiche, mit seinem Volksbegriff selbst gegebene: es bietet sich diesem Vorgang des Abwälzens eigener Schuld auf seine Wirklichkeit in so einziger Weise, weil es als Volk die gemeinsame Schuld anders als alle anderen Völker beantwortet hat. Als aus seiner irdischen Heimat ausgewurzeltes und in eine andere Heimat eingepflanztes Volk, das mit seiner Wurzel im natürlichen Erdreich eine sichtbare, fest umrissene Volksgestalt verloren hat, bietet es sich jeder Gestalt, jedem Umriß, in dem es von den Menschen erblickt und im Grunde erst entworfen wird. Wenn aus den vielfältigen, einander entgegengesetzten Anschuldigungen der Welt gegen das jüdische Volk ein einziges Gemeinsames herauszulesen ist, so ist es eben dies: daß das Volk gestaltlos, wurzellos, in seinem Eigentlichen unerblickbar ist, daß es darum alles ist und nicht ist, alles sein und werden kann. Und dieser Anblick wird dadurch noch verstärkt, daß der gewaltige weltgeschichtliche Druck dieser Projektion nicht ohne tiefe Rückwirkung auf das Volk und jeden Einzelnen des Volkes bleiben konnte, daß er den jüdischen Menschen zu einer beladenen, unfreien, verängstigten Gestalt gemacht hat, die nun ihrerseits in dieser Entstellung erneut zur Projektion eigener Mängel und Sünden auf ihre Wirklichkeit herausfordert. Und je mehr, dem Druck der allgemeinen Entwicklung nachgebend, die Wurzel des Volkes auch in seinem eigentlichen: im metaphysischen Erdreich sich lockerte, um so wehrloser war es innerlich dieser Belastung preisgegeben; ganz anders als der fromme Jude des Ghettos, zerlöst, verstört, im wahren Sinn fassungslos, steht der sogenannte freie Jude seinem ungeheuerlichen Schicksal gegenüber, das, indem es den äußeren Umriß des Volkes immer weiter auflöste, sein Inneres mit satanischer Gewalt zusammenpreßte.

Damit ist aber auch die Frage gestellt, warum gerade heute dieser Druck so über alles Maß angeschwollen ist und Formen des Wahnsinns und Verbrechens angenommen hat, die keine frühere Zeit kannte. Muß nicht dies Geschehen die ganze Menschheit vor die Frage stellen: Wer sind wir? Was haben wir getan? Wohin sind wir geraten? Hier ist die Mitte, der glühende Kern des Geschehens; hier sehen wir ganz, wie weit wir von uns, von allem Menschlichen abgetrieben sind in ein Teuflisches, das noch die Gestalt des Satans verzerrt. Und nun geschieht abermals ein Unfaßliches: diese Frage bleibt aus. Sie wird nur von einzelnen verschwindend Wenigen gestellt. Dies Schicksal, diese Untaten haben die Welt nicht in der Tiefe erschüttert. Wenn aber dies übersatanisch Böse nicht als Böses erkannt und in brennendem Gewissen verantwortet wird, dann ist in unserer Welt etwas endgültig zusammengebrochen, was gestern noch stand. Wohl waren Gut und Böse in ihr seit langem verwirrt und ins Schwanken geraten. Es schien, als bedürfte es einer ungeheuren Offenbarung des Bösen, wie sie unserer Welt widerfahren ist, um beide wieder sichtbar zu machen. Nun aber ist durch diese Offenbarung selbst das Gegenteil geschehen: die Welt ist am Übermaß des Bösen erblindet; sie hat sich an dieses Übermaß gewöhnt; sie ist für es stumpf und gleichgültig geworden. Daß heute die Judenfrage weiter diskutiert wird, als wäre nichts geschehen, daß sie nicht durchweg aus der Tiefe eines in seinen untersten Gründen aufgerührten Menschheitsgewissens gestellt wird, daß – was immer die politischen Gründe sein mögen – Palästina in diesem Augenblick sich der jüdischen Einwanderung verschließt, das läßt auf eine Welt schließen, in der die Todeserfindung des menschlichen Geistes kein lebendiges Zentrum zu vernichten hat. Als Grund dieses radikalen Versagens des menschlichen Gewissens enthüllt sich uns eine Welt, in der das Ringen zwischen Leben und Tod für den Tod entschieden scheint, in deren Tiefe wirklich die Macht entfesselt ist, die der große

Verzweifelnde Freud als Todestrieb unaufhaltsam in ihr anwachsen sah.

Es war ja der Todestrieb selbst, der sich in ihr als Person aufgerichtet und die Führung übernommen hat. Es war der Dämon des kältesten und wütendsten Lebenshasses, der je auf der Erde erschienen ist, so restlos eins mit dem von ihm Besessenen, daß nur die Todesangst beider Einheit spaltete, die den Besessenen zwang, um nicht selbst von seinem Dämon zerrissen zu werden, ihn nach außen auf die Wirklichkeit zu werfen, in der er ihn am weitesten von sich warf: eine Todesangst, die ihn nicht zögern ließ, um den eigenen Dämon loszuwerden, ein ganzes wirkliches Volk auszurotten und durch seine Vernichtung hindurch die Vernichtung der Menschheit zu betreiben. Daß von ihm der furchtbarste aller Kriege, der totale Krieg seinen Ausgang genommen hat, daß dieser Krieg im Namen des kriegsfernsten, nach Auftrag und Gestalt dem Frieden dienenden Volkes entfesselt und in seinem Namen immer neu propagiert wurde, das deutet auf eine Kraft und Hemmungslosigkeit der Vernichtung hin, die aufs äußerste zu fürchten und um ihrer selbst willen zu bekämpfen die Menschheit zu spät als ihre eigenste Notwendigkeit erkannt hat. Nur im Nichts konnte ja dieser Weg der Allvernichtung enden. Und nur daraus, daß in diesem Ziel eine dämonische Verführungsmacht für das am Rand des Abgrunds lebende todessüchtige Volk, dem er entstiegen war, und darüber hinaus für eine dem Rand des Abgrunds zutreibende Menschheit lag, wird die weltzerrüttende Ausbreitung der Macht dieses Dämons ohne Sein und Wesen über den Erdkreis verständlich.

Mit diesem dämonischen Ursprung des Judenhasses wird auch der düstere Phantomcharakter des langen Zuges der Judenverfolgungen klar, die sich als Wirklichkeit durch die Geschichte hindurchbewegen. Jede Zeit, jedes

Volk, jeder Einzelne hat dem Volk die Gestalt des eigenen Dämons geliehen. Und indem diese unablässige Dämonisierung auf das Volk zurückwirkte und auch in ihm dämonische Kräfte entfesselte, das Bild des Verfolgers die Wirklichkeit des Verfolgten prägte und wiederum das Bild des Verfolgten den Verfolger neu aufstachelte, erwuchs die aus Wahn und Wirklichkeit unheimlich gemischte Wirklichkeit des geschichtlichen Judenhasses, die sich mit einem doppelt falsch verwissenschaftlichten Namen (denn es handelt sich in ihm weder um eine wissenschaftliche Theorie noch um die ganze semitische Rasse) Antisemitismus nennt. Daß in den echten metaphysischen Haß gegen das wesens- weil gestaltfremde Volk und in den echten psychologischen Haß gegen den eigenen Dämon immer und überall in der Geschichte und vollends heute Gründe niedrigsten Nutzens, der Habsucht, des Neides und des politischen Machtwillens sich mischten, daß so der Antisemitismus zugleich immer ein soziales oder politisches Ablenkungsmanöver war, daß am Stand der Wirtschaftsnot eines Volkes oder eines Herrscherhauses jeweils der Stand der Judenverfolgungen abgelesen werden konnte, entspricht einer Wirklichkeit, in der alle, auch die niedrigsten und schmutzigsten Dämonen der Menschenseele losgelassen sind. Und weil diese Bewegung, da sie scheinbar nichts Eigenes betraf, von allen Zeiten fraglos hingenommen, übernommen und weitergegeben wurde, weil so in der ganzen, unermeßlich ausgebreiteten Literatur über das Judentum die realen Gründe dieses Hasses kaum jemals ernstlich geprüft wurden, vermochte er, zum mindesten als ererbte, selbstverständliche Abneigung, auch auf reinere Seelen überzugreifen und zum allerschwersten Schaden des Volkes auch auf Seelen des jüdischen Volkes selbst. Nichts hat, um nur einen einzigen der ungeprüft übernommenen Gründe dieses Hasses herauszugreifen, tiefer und nachhaltiger das Urteil über das jüdische Volk bestimmt und verfälscht als die fast unbekannte Tatsache, daß das in der ganzen mittelalterlichen Welt geltende kirchliche Zinsverbot, das die Kirche aus dem Alten Testament übernommen hatte und das so für die Juden in erster Linie bindend war, um des Nutzens der Großen willen für die Juden aufgehoben wurde, und daß sie, aus allen ehrlichen Berufen verdrängt und allein an die Geldgeschäfte gewiesen, zu dieser schmachvollen Ausnahmestellung geradezu gezwungen waren. Welche ungeheure Verbiegung des Wesens schließt schon diese eine Tatsache ein! Daraus, daß ihre einzige, ihnen freilich auch in jedem Augenblick wieder entrissene Waffe im Lebenskampf der Zins war, erwuchs den Juden vielfach eine Geldgesinnung, die der heutigen kapitalistischen, nun rein auf den Zins gegründeten vorausgeeilt ist und zu einer Zeit, als sie noch eine Ausnahme war, die schwerste Brandmarkung der Mitwelt erfuhr.

Ermißt man, daß auf der anderen Seite das, was am tiefsten und gründlichsten den Judenhaß in den breiten Schichten der Bevölkerung verankerte, die Überlieferung war, in der immer ausschließlicher das Volk, das der Welt den Heiland gebracht hatte, zu dem wurde, das den Heiland der Welt gekreuzigt hatte, so begreift man den totalen Charakter dieses Hasses, in dem das Niedrigste und das Höchste in dumpfer Verwirrung sich mischen. Das für die Juden selbst Verwirrendste und Unheilvollste, das sie am gewaltigsten in sich selbst Zurückweisende war, daß alle Verfolgung, alle Erniedrigung, alles Martyrium ihnen im Namen Christi widerfuhr. Es kann aus der Geschichte der Judenverfolgungen wie des Christentums nicht getilgt werden, daß für die Juden des Ostens in jeder Verfolgung das ihnen entgegengehaltene goldene Bild des Gekreuzigten das Sinnbild rasendsten Hasses, ihrer Vernichtung selbst war. Und wenn dies Symbol in der jüngsten, rein rassischen Verfolgung nicht mehr wegweisend war und das Christentum selbst in ihr genau so weit mitverfolgt wurde, wie sein heidnischer Untergrund dadurch nicht angetastet wurde, so kennzeichnet es um so klarer den ganzen Wirrwar des Antisemitismus, daß in dieser rein heidnischen Verfolgung, die im Judentum Christus als seine zentrale Gestalt mitverfolgte, immer noch die Kreuzigungslegende der stärkste, haltbarste Faden war.

Aber dies verworrene, düstere Gewebe, das, mögen auch Ansätze zu ihm in jedem Verhältnis von Volk zu Volk, ja von Mensch zu Mensch sich finden, in dieser dämonischen Macht allein auf das jüdische Volk geworfen wurde, empfängt sein endgültiges Gepräge erst dadurch, daß das Volk selbst während aller dieser Verfolgungen unerschütterlich an seinem Sühnewillen festhielt, in seiner Sühnegestalt verharrte und damit erst die Verfolgungen in ihrem ganzen Ausmaß ermöglicht hat. Wenn wir heute in allen bedrückten Völkern die Freiheitskämpfer am Werk sahen, die sich tätig gegen die feindliche Bedrückung auflehnten, will uns ein tiefer Schmerz um das Volk beschleichen, das heute nie und nirgends für seine Freiheit gekämpft, das selbst seine palästinensischen Armeen für die anderen Völker aufgestellt hat. Der einzige Befreiungskampf, den es in Warschau sterbend, ohne jede Hoffnung als winziges Häuflein umgeben von Bergen von Macht und Vernichtungswut allein für seine Seele gekämpft hat, wirkt als die erschütterndste Bestätigung der radikalen Einsamkeit und Verlassenheit des Volkes. Wer wollte sich seiner als Volk annehmen, wer sich mit ihm verbünden? Es hat nichts und niemanden hinter sich. Und wenn der Verzweiflungskampf, zu dem heute ein Teil der Jugend in Palästina sich bereitet, ihm nicht vor dem Beginn abgeschnitten wird, so hätte er dort wohl einen größeren Umfang, wäre aber auch den Mächten gegenüber, die ihm dort entgegenstehen, das Volk nicht mehr als ein winziges Häuflein. Der immer neu zu Propagandazwecken geschürte, selbst heute noch nicht ganz erloschene Weltglaube, daß eine große äußere Macht hinter dem kleinen Volk geschlossen stehe, ist die genaue Umkehrung des Sachverhaltes, der heute als die äußere Wirklichkeit des Volkes offenbar geworden ist. Und dies Außen ist bestimmt durch das Innen; jene eigentümliche Machtlosigkeit, Machtfremdheit, aus der heraus jede Rache, jede Gewalttat gegen den durch die ganze Welt ausgebreiteten Feind und Verfolger dem Volk fremd geblieben ist (die Ausnahme der spontanen Gewalttat eines einzigen empörten jungen Menschen in dem über jedes Maß gepeinigten Volke bestätigt die strenge Regel), diese Machtlosigkeit hat einen tieferen Grund. Ein gewisses Maß von Macht wäre ohne Zweifel zu fast jeder Zeit dem intelligenten, von Haus aus politischen Volk zu erreichen gewesen. Etwas Ursprünglicheres, Grundsätzliches lebt in dieser schwer verständlichen, dauernden Ergebung in ein Unerträgliches. Es ist nicht Fatalismus, nichts ist dem ständig aufgescheuchten Volk fremder; es ist das unzerstörbare Wissen um eine andere Art des Volkseins; es ist in jener Lebenstiefe, wohin kein Gedanke reicht und wo alles Wirkliche entspringt, das unaufhebbare Wissen des Volkes im Exil: »Galuth ist die Sühne für alles.«

So erwuchs aus dem, was in Qual und Schändung immer tiefer das Antlitz des Volkes verzerrte, zugleich der ungemessene Opfergeist, die Standhaftigkeit und Treue des Volkes. Denn wenn die gestaltlose Liebes- und Gebetssphäre, in die es nach der Tempelzerstörung verwiesen wurde, so wenig je die empirische Wirklichkeit des jüdischen Volkes gewesen ist, wie die Kirche die der christlichen Völker war: die Sühne der Galuth, die als unerbittliche Vertretung und Verantwortung des Eigenen am genauesten der dämonischen Abwälzung eigener, innerer Last auf fremdes Leben entgegensteht, hat es in seiner Geschichte vorbehaltlos geleistet und zu seiner eigensten Wirklichkeit gemacht. Von dieser Volksgestalt reiner Sühne aus ist bis zum heutigen Tage der Zusammenhang des jüdischen Schicksals aufzurollen; hier ist der Punkt, auf den immer neu die Satansmacht ihren Finger legt, an dem alles im jüdischen Schicksal umschlägt ins Unbegreifliche und Entsetzliche. Das radikale Absterben des Sühnegedankens und Sühnewillens im Zentrum der jüngsten Verfolgung weist deutlich auf die Abwesenheit dieser zentralen Bindung als Quelle dieser schwersten aller ihm je widerfahrenen Verfolgungen hin.

Die Sühne als verhängtes wie als ergriffenes Schicksal beleuchtet noch einmal das Hiobschicksal des Volkes als das der reinen antwortlosen Frage. Alle seine Ansätze, den abgesonderten Aschenhaufen seines geschichtlichen Schicksals, den Ort reinen Fragens zu verlassen, Antwort in einer festen Form und damit Begrenzung im Irdischen zu finden, in demselben Sinne Volk zu werden wie die anderen Völker, sind gescheitert, so daß dies Volk der Völker, dies Volk im Ursinne, sich fremd und unkenntlich in sie alle ergossen und sie gewissermaßen durch sein Nichtsein selbst herausgefordert hat. Denn die letzte Erfüllung des Volkssinnes, den es lebt und vertritt, ist ja genau dies: inmitten der im zerstörenden Volkswahnsinn rasenden, von Waffen starrenden, vom Menschen fast verlassenen Völkerwelt als ein einfach wehrlos Menschliches dazustehen, ohne Macht, ohne Staat, ohne Waffen, ohne Gestalt und Schöne, ohne eigentlich sichtbares Dasein, schwach, unwert: der Mensch.

Aber eben hier, an diesem ganz zu Ende geführten Bilde seiner Volksgestalt erhebt sich neu die alte Frage, die ihm verhängte Frage nach seiner Schuld, erhebt sie sich als die paradoxe Frage nach der Schuld seiner schuldfremden Lebensform selbst. Liegt nicht am Ende, wie bei Hiob seine Unschuld jenes gottversucherische Element ist, auf das Satan seinen Finger legt, so in dem Fehlen jeder sich nach außen abgrenzenden und damit notwendig schuldhaften Form, in dem, was man die Weltunschuld des jüdischen Volkes nennen könnte, in dem Fehlen von Organisation und Macht, von alldem, was Krieg und Feindschaft herausfordert, liegt nicht am Ende in dem Sichfreihalten von den Welthändeln (das gilt wahrlich nicht von den Einzelnen, die im vorletzten wie auch wieder im letzten Krieg überall, wo es möglich war, in ihren Scheinvaterländern ihre volle Wirklichkeit eingesetzt, mit Gut und Blut gekämpft und eben dadurch auch wieder in tragischer Weise mitgeholfen haben, die eigene Volkswirklichkeit aufzulösen; aber es gilt von dem Volk als ganzem, von der Volks*gestalt*, die als solche ohne die immer wieder befleckenden irdisch-staatlichen Grundlagen ist) – liegt nicht vielleicht in diesem Reinbleiben von allen trüben Mittelsmächten eine Art von Schuld: *die* Schuld, die Satan meint und die Gott soviel furchtbarer als jede wirklich begangene züchtigt?

Die Geschichte selbst scheint heute diese Frage zu bejahen dadurch, daß gerade dort, wo das Volk am reinsten einem anderen Volk sich hingegeben, am meisten sich selbst aufgegeben hat, es die gewaltigsten Dämonien gegen sich entfesselt hat. Und so vollzog sich auch hier die zerstörende Paradoxie des Hiobschicksals: indem das Volk sich seiner natürlichen Einzelschuld als Volk entzogen hat, weiter als je in seiner Geschichte in seine Auflösung als Volk eingewilligt hat, wurde es auch hier zur Rechenschaft gezogen für das Ganze der heute wie zur Zeit der Sündflut alle Ufer überflutenden Menschheitsschuld, hat sich auch hier der Satan eingemischt, vollzog sich auch hier das Gut und Böse geheimnisvoll Verwirrende, daß gerade an dem, der die Schuld als eigene abgewiesen hat, der Zorn Gottes in seiner ganzen Wucht ausgeht. Nur so vermögen wir das Ausmaß dieses Schicksals uns zu deuten. Nicht aus den finsteren Leidenschaften eines Einzelnen noch derer, die ihm folgten – und seien es die unheimlichsten und verruchtesten, sei es der Wahnsinn des Person gewordenen Todestriebes selbst – stammt letzthin das Übermaß dieses Geschehens; ihrer bedient sich eine andere Macht: die Hände, die hier walten, sind geführt. Ihre letzte außermenschliche Erbarmungslosigkeit stammt daraus, daß sie einen Auftrag vollstrecken, der dem Vollstrecker selbst verborgen und seiner Art nach völlig unzugänglich ist – wie es dem Satan unzugänglich ist, was Gott von dem durch ihn unmenschlich Gepeinigten in Wahrheit will. Wir haben es in diesem Geschehen letzthin nicht mit Menschen zu tun, sondern mit Mächten und ihren willenlosen Werkzeugen.

Die Entfesselung dieser ganz realen Mächte, die in den Zusammenbruch alles Menschheitlichen in der abendländischen Welt gemündet ist, war seit langem in der europäischen Geistesentwicklung vorbereitet. In der wachsenden Auflösung der Wahrheiten und Werte der humanistisch-idealistischen Epoche, in der die Gestalt des europäischen Juden sich gebildet hatte, mußte auch Bild und Lage des jüdischen Volkes sich wandeln, mußte diese Wandlung zur Katastrophe führen. Denn wenn die im Zeichen der allmenschlichen Vernunft geschehene Verschmelzung von europäischem und jüdischem Geist, wie sie am Anfang der Epoche in Deutschland Mendelssohn vollzogen hatte, dem Ansturm der in die Geschichte hereinbrechenden irrationalen Mächte nicht standhielt, so war auf der anderen Seite diese Verflechtung so tief und unauflöslich geworden, daß Unausdenkbares geschehen mußte, um sie auseinanderzureißen. Es war die Tat dessen, der die Katastrophe über das Volk und die Welt heraufbeschwor, daß er den jüdischen Menschen, der im Strom der abendländischen Entwicklung mittrieb und sich aufzulösen drohte, durch den gewaltsamen Anruf seines Namens, der ihm wie einem Schlafwandelnden geschah, am Rand des Abgrunds erweckt und jäh vor sich selbst gestellt hat: vor seine eigenste Frage. Aber indem der Dämon dem jüdischen Menschen das fast verlöschte Zeichen seines Ursprungs gewaltsam wieder aufgedrückt hat, hat er nicht, wie es sein Wille war, eine Rasse gekennzeichnet, sondern ein Schicksal, eine ewige Bestimmung.

Und allein um diese kann es uns gehen, wenn wir heute die Frage nach dem jüdischen Menschen stellen. Als einheitliche, klare Gestalt, als bestimmten, geistigen Typus finden wir ihn nach dieser Entwicklung nicht mehr. Nennt man nur wenige der entscheidenden Namen, die die Gestalt des abendländischen Judentums und weithin die abendländische Entwicklung mitbestimmt haben: Marx, Freud, Bergson, Cohen, Simmel, Husserl, Buber, Rosenzweig, Goldberg, Kafka, so springt aus der tiefen Verschiedenheit dieser zum Teil den jüdischen Grundwahrheiten selbst widerstreitenden, zum Teil sie aus europäischem Geist umdeutenden Konzeptionen die Auflösung jedes einheitlichen jüdischen Menschenbildes hervor. Nimmt man noch das weitere, aus mancher dieser Konzeptionen sich Ergebende hinzu, daß an der Entwicklung selbst, die die Katastrophe über das jüdische Volk heraufgeführt hat, jüdische Geister entscheidend mitgewirkt haben, so bricht erneut die ganze Tiefe der Frage auf: Was ist der heutige jüdische Mensch? Was kann er nach allen Wahrheiten und

Wirklichkeiten, durch die er empfangend und gebend hindurchgegangen ist, heute noch sein? Auch dies letzte europäische Judentum ist ja in diesem Augenblick schon überholt und vernichtet; die Auflösung des jüdischen Menschen hat sich noch weiter vollzogen; er ist noch unkenntlicher geworden. In welcher Gestalt sollen wir ihn, nachdem seine bisherige Lebensform abermals zerbrochen ist, noch suchen und erkennen? In seinem Zerfall, seinem Unkenntlichwerden für sich selbst und die Welt, dieser immer tiefere Schichten ergreifenden Verwandlung seiner Gestalt gemahnt er in unheimlicher Weise an die nur scheinbar skurrile, in Wahrheit düster prophetische Erzählung Franz Kafkas: »Die Verwandlung«, in der ein einfacher Mensch eines Morgens in seinem Bett erwacht und sich in ein stummes, widriges Insekt, einen Mistkäfer verwandelt, in seiner Familie als Fremder, Ausgestoßener vorfindet, der sich niemandem mehr verständlich machen kann: ein nun völlig aus der menschlichen Gemeinschaft herausgeschleuderter Hiob, der als auch noch aus seinem menschlichen Selbst verstoßenes Wesen sein Schicksal nicht einmal Gott mehr vorlegen, nicht um Menschliches mit ihm rechten kann – Mensch, unausdenkbar leidender Mensch allein dadurch, daß in diesem in die Tierheit verstoßenen Wesen das zarteste menschliche Empfinden lebt, das, durch seine keinem andern mehr faßbare Erfahrung zur letzten Tiefe vertieft, ihn um so stärker und schmerzlicher an die Gemeinschaft bindet, aus der er verstoßen ist.

Nicht zufällig gemahnt die Gestalt dieser um mehr als ein Jahrzehnt vor der Katastrophe geschriebenen prophetischen Erzählung von fern und doch zentral an die in der einfach menschlichen Sphäre verbleibende, mit wehmütiger Selbstironie gezeichnete Gestalt des letzten Stückes von Franz Werfel: einen im heutigen Schicksal von Land zu Land gejagten Juden, der, vom eigentlichen Leben der Menschen ausgeschlossen, überall, wohin seine Flucht ihn führt, aus seiner älteren, reiferen Erfahrung, aus seinem tieferen Wissen um das Leben zum hilfreichen älteren Bruder der Menschen wird.

Vielleicht finden wir heute nur in solchen unscheinbaren, fast unkenntlichen Erscheinungen, deren verborgene Kostbarkeit ganz dem Auge entgeht, etwas wie eine Antwort auf die Frage, die immer erneut, und heute mit vielfacher Wucht dem Volk gestellt ist: ob nach der Zersprengung seines Wurzelsinnes und nach allen ihm daraus erwachsenden Schicksalen, nach allen Wandlungen der Welt, die es tätig und leidend durchlaufen hat, der Teil des Kernes, den es in sich bewahrt hat, noch lebendig ist, ob nach aller ihm widerfahrenen Zerstörung noch das Wort des Ursprungs in ihm lebt, das es einsammelt, ob es mit seiner verstörten, gebrochenen Stimme heute noch das ihm, und *nur* ihm, im Ursprung eingepflanzte Menschheitswort der reinen Zukunft, ob es noch *Wir* sagen kann.

Und es gibt jene unsichtbar heroischen Gestalten ja keineswegs nur in der Dichtung. Es hat in dieser Zeit Menschen gegeben, die um ihrer Brüder und Schwestern willen freiwillig und wissend bis zum furchtbaren Ende ausharrten und mit ihnen in den Tod gingen. Ich habe das Gesicht eines Arztes gesehen, der, um jüdische Kinder zu retten, in einem vom Feind besetzten Lande in täglicher Lebensgefahr ausgeharrt hat; es war das Antlitz eines Erlösten. In solchen verborgen heldischen Gestalten ist die Frage nach dem lebendigen Wir der jüdischen Gemeinschaft rein bejaht. Das Heldische wie das Messianische lebt in Israel nur verborgen. Aber aus solcher messianischen Tiefe und schon im Wissen um sie ist es herrlich, trotz aller irdischen Fraglichkeit herrlich, Jude zu sein. Denn es heißt Mensch sein.

Und doch liegt die Frage nach seiner Existenzberechtigung, die heute die Welt nicht stellt, sondern brutal verneint, die weit tiefer und schmerzlicher das jüdische Volk selbst sich stellt, nicht erst seit der letzten Katastrophe auf den Lippen des unzeitgemäßen, unraumgemäßen, aus der gemeinsamen Wirklichkeit ausgesonderten Volkes. Seit langem wiederholt es sich die immer drängendere Frage, ob im Wirbel eines sich unaufhaltsam wandelnden, immer mehr sich verweltlichenden und veräußerlichenden Lebens und Erkennens, in dem seine Lebensbasis nach und nach zerfiel, der Sinn seiner Volksexistenz nicht dahingefallen, ob das Leben in seiner dunklen, opfervollen Volksgestalt noch lebbar sei.

DER ZIONISMUS

Diese Frage hat gegen das Ende des vergangenen Jahrhunderts der Zionismus mit einem leidenschaftlichen Nein, das ein noch leidenschaftlicheres neues Ja einschließt, beantwortet. Der Zionismus, diese nicht nur stärkste, sondern im modernen Europa allein sichtbare jüdische Bewegung, in der das unsichtbare Volk zuerst als Ganzes seiner selbst wieder inne und nach außen sichtbar wurde, war der glühende Versuch, das Verhängnis von Jahrtausenden zu durchbrechen, dem zum Gespenst entwirklichten Volke seinen lebendigen Leib zurückzugewinnen. Und darin, daß im Zionismus von Anfang an nicht nur die Rettung aus schwerer physischer Not, und nicht nur eine äußere Heimat gesucht wurde, daß in ihm auch die innere Aufrichtung des gebeugten, gebrochenen Volkes, eine neue aufrechte Gestalt des jüdischen Menschen gesucht wurde, ruht die übernationale Kraft und Würde dieser volkhaften Bewegung.

Der Zionismus, der diesen halb säkularisierten Namen erst in der modernen Welt erhalten hat, begleitet als Zionsliebe, als Zionssehnsucht, als nie erloschenes Heimweh seit den Zeiten der Tempelzerstörung das Schicksal des jüdischen Volkes. Und weil von je diese Liebe nicht nur die zu einer irdischen Heimat, sondern zum heiligen Land war, ist sie, um die unzählige Legenden, um die die Lieder seiner größten Dichter kreisen, tief mit der messianischen Sehnsucht verknüpft.

Es erscheint als ein fast unbegreifliches Wunder, daß gegen das Ende des ungläubigsten Jahrhunderts, in dem die

Assimilation im Westen fast vollendet, der messianische Traum weithin erloschen war, aus der säkularisierten Welt des Westens selbst eine Flamme wahrhaft göttlicher Zionsliebe emporstieg und daß diese Liebe durch ihre Inbrunst und Kraft in kürzester Zeit auf höchst irdischen Wegen ein ganz reales Ziel erreichte, das in solcher Nähe und Greifbarkeit keinem der gläubigen Jahrhunderte auch nur vorgeschwebt hatte. Es bedurfte dazu des weiteren Wunders, daß der Aufruf dieser Liebe als ein in jedem Sinne rechtzeitiger nicht nur von jüdischen Menschen vernommen, sondern daß sein Inhalt mit Leidenschaft von ihnen ergriffen und verwirklicht wurde, so daß in wenigen Jahren die Wirklichkeit des heiligen Landes sich wandelte, daß – meist unter den Händen städtischer Intellektueller, die man nur müder städtischer Skepsis, keines großen lebendigen Impulses, nicht harter entsagungsvoller, am wenigsten körperlicher Arbeit für fähig gehalten hatte – in unbegreiflich kurzer Zeit der steinige, unfruchtbare Boden sich wandelte, daß er aus einer Wüste zu einem Garten der Fruchtbarkeit wurde.

Dies Werk kennt die Welt. Sie kennt auch das weitere große Aufbauwerk in Palästina; sie kennt die industrielle und technische Entwicklung des Landes, mit der es sich der Welt einordnet; sie kennt die zahlreichen, so eigentümlich der Landschaft sich einfügenden modernen Bauten, sie kennt die neuen Straßen und Städte; sie hat schließlich nach langem Zögern auch die für ihre Verteidigung geschaffenen palästinensischen Armeen genehmigt, die sich der Schutzmacht zur Verfügung stellten, und ihre Tapferkeit bestätigt. Und sie weiß zuletzt noch um das vielleicht unbegreiflichste Wunder der Wiedergewinnung und Neubelebung der seit Jahrtausenden gestorbenen, nur noch im Kult fortlebenden Sprache als tägliche Umgangssprache des Volkes, mit der es sich erneut das Land zur

Heimat geprägt hat. Sie kennt auf der anderen Seite ganz die furchtbare Lebensnot des heutigen Volkes, die gebieterisch die Öffnung des Landes fordert.

Was für Folgen hat die Welt aus dem Wissen um all dies gezogen? Als Ergänzung zu dem großen, vielfältigen Aufbauwerk steigt eine Erzählung des zionistischen Kämpfers Jabotinsky aus einem vor etwa zwölf Jahren in Zürich gehaltenen Vortrag in meiner Erinnerung auf. Er berichtete, wie er in einer sternklaren Nacht mit dem Bürgermeister und Erbauer der Stadt Tel Aviv auf einem Balkon seines Hauses stand und mit ihm auf die weit ausgebreitete, helle Stadt hinabblickte, die durch den Willen dieses einen Mannes, dem Palast Aladdins vergleichbar, fast über Nacht aus der Sandwüste aufgestiegen war. Und während sie auf das stolze Werk niedersahen, wandte sich sein Schöpfer plötzlich ab und trat mit den Worten ins Dunkel zurück: »Es bleibt uns doch nichts zu hoffen.«

Es ist der alte Schauder des jüdischen Schicksals. Es ist die damalige Lage des Zionismus, und es ist auch noch seine heutige. Das Werk ist geleistet; das Land ist erarbeitet, mit Körper und Geist errungen; aber es gehört dem Volke nicht; es hat ihm nie gehört. Das Zentrum des Volkes ist wieder lebendig geworden; aber das lebendige Herz schlägt nicht in seiner eigenen Brust. Das Land, das es selbst in schwerem Lebenskampf zu dem seinen gemacht hat, hat sich ihm in seinem Todeskampf versagt. Wir wissen von den Todesschiffen, die Flüchtende über das Meer trugen und elend auf ihm zugrunde gehen mußten, weil sie an keiner Küste der Heimat landen durften. In den »Informations de Palestine« vom 13. Juni des Jahres 1945 steht ein »Aufruf an das Weltgewissen«, dessen Worte prophetischen Klang haben: »Während zwölf Jahren, seit 1933, ist die Stimme der Juden ein Schrei in der Wüste gewesen... Es ist das Verbrechen, dessen die zivilisierte Welt sich schuldig gemacht hat, daß sie dieser Stimme ihr Ohr nicht geliehen hat. Es hätte nicht so viele Millionen von Opfern gegeben. *Vielleicht hätte sogar die Katastrophe des Krieges vermieden werden können.*«

Der im Text nicht gesperrt gedruckte letzte Satz ist hier gesperrt, weil dies Vielleicht zu einer Gewißheit geworden ist. Die rechtzeitige Bekämpfung des Dämons, der in der Verfolgung des jüdischen Volkes den Weltkrieg entfesselt hat, hätte ohne jeden Zweifel die Kriegskatastrophe und alles, was ihr folgte, verhindert. Am Schicksal des jüdischen Volkes ist so die Entscheidung über das Weltschicksal gefallen. In dem Ringen des Volkes um ein neues Zentrum seines Lebens ist das Menschheitsschicksal zentriert; es erweist sich erneut: es geht in der Krise des jüdischen Volkes um eine menschheitliche Krise; es ist menschheitlicher, messianischer Grund, den wir in Zion betreten; Zion ist kein nur räumliches Zentrum, es ist ein Schicksalszentrum der Erde.

Die menschheitliche Entscheidung, die sich in Palästina vollzieht, tritt heute für das Volk hinter der Notwendigkeit seiner rein physischen Errettung aus Not und Tod zurück. Der Zionismus ist heute wie in der Zeit seines Entstehens ein ganz realer Rettungsversuch. Wie die Errettung des schwer bedrohten Ostjudentums der Ausgangspunkt des Schöpfers des Zionismus war, so ist es heute die Errettung des ganzen Volkes. In beiden aber ist es zugleich der Versuch der Zurückführung des Volkes in ein gemeinsames Zentrum seines Lebens. Nur eins hat sich seit damals verändert: die Voraussetzungen dieses Versuches sind andere geworden. Theodor Herzl erblickte als damaliger europäisch denkender Geist die Voraussetzung der Rettung seines Volkes in der vollkommenen Gleichstellung des jüdischen Volkes mit den anderen Völkern, also in seiner Nation- und Staatwerdung; es sollte, da in einer veränderten Welt das

Bewußtsein seiner Sendung, ihr Sinn und ihre Wirklichkeit erloschen schien, ganz und gar werden wie die anderen Völker.

Damit hat diese aus glühender und erbarmender Liebe, aus geschichtlichem Weitblick und schöpferischem Wirklichkeitssinn zusammengeströmte Konzeption der Zeit ihres Ursprungs ihren Tribut bezahlt. Denn so war in diese rein jüdische Bewegung von Anfang an ein ihr fremdes Element aufgenommen, das damals in seinem Verhältnis für die Weltentwicklung noch nicht so klar zu gewahren war, war dieser leidenschaftlich volkhaften Bewegung, die die Assimilation schroff verurteilte, jede Angleichung an die anderen Völker verwarf, von Anfang an ein ihr fremder und entgegengesetzter Volksbegriff unterlegt: der der gewaltig aufblühenden Nationalstaaten des damaligen Europa. Gewiß war er nicht die einzige Grundlage: die Doppelheit in seinen Fundamenten drückt das Wort Zionismus selbst aus; seine beiden Hälften gehören verschiedenen Zeiten und Welten an; die zweite entstammt dem wissenschaftlich betriebsamen, technisch durchrationalisierten Europa; die erste ist nicht der gleichzeitige geographische Begriff Palästina, sondern der uralte, heilige Name, der nicht eigentlich für ein Land steht, sondern für das heimatlose Sinngebilde Israel. Und dieser Volksbegriff des echten Zion steht dem naturalistischen europäischen mit letzter Intensität entgegen. Denn im Kern alles echt Volkhaften steckt jener Gegensatz gegen die Nation, der mit dem Sinaiaufruf gegeben ist, der Gegensatz, den Goldberg schlagend in dem urweltlich mythischen und modern nüchternen Wort formuliert hat, daß alle Völker »Institutionen, beziehungsweise Unternehmungen gegen die Naturgesetze« sind. Und wer, der den Werdegang eines lebendigen, geschichtlichen Volkes verfolgt, könnte die Wahrheit dieses Wortes verkennen? An die Natur fällt ein

Volk nur in seiner Auflösung zurück, in seinem Zerfall. Dem von der Natur gelösten, in Israel entsprungenen und von ihm den Völkern vorgelebten Volksbegriff entspricht, auf die Wirklichkeit des heiligen Landes angewendet, das Wort der Überlieferung, daß auch Zion noch Galuth ist, solange der Tempel nicht wieder erbaut ist, und daß die Erbauung des dritten Tempels erst in messianischer Zeit geschehen kann.

Damit ist im Zionismus das irdische Ziel dem unsichtbaren nur vorgelagert, wird auch diese moderne, national begründete Bewegung vom ewigen jüdischen Schicksal ergriffen. Alle Zionsarbeit, wie tief auch in die Geschichte einbezogen, treibt zugleich über sie hinaus. Darin steckt ihr mächtiger Stachel, darin die große, lebendige Frage, die mit ihr an das jüdische Volk gestellt ist. Die Unentbehrlichkeit der Wiedergewinnung des Landes zur äußeren Rettung und inneren Sammlung des heute erneut in alle Winde zerstreuten Volkes ist offenbar. Niemand kann zweifeln, daß Palästina heute der starken Herzen und Hände, daß es der lebendigen Kräfte des ganzen Volkes zu seinem Aufbau bedarf. Aber auch in diesem allerschwersten Augenblick darf die Gefahr und Bedrohung nicht verkannt werden, die für das jüdische Volk heute wie immer in der Nationwerdung liegt. Ja, diese Gefahr muß heute dringlicher als je ins Auge gefaßt werden, weil das Weltgeschehen selbst sie in diesem Augenblick wieder als die zentrale Frage an das jüdische Volk erweist. Wohl ist der Sinn des Volkes dunkel geworden, hat er sich in der Geschichte mehr und mehr verdunkelt, seit der strahlende Hintergrund seiner Frühzeit hinter ihm abgebrochen ist – aber leuchtet er nicht in diesem Augenblick wie ein blendender Blitz wieder durch alle geschichtliche Zerstörung hindurch? Klar wie niemals in der Geschichte, klar wie nur in den biblischen Zeiten ist heute das Volk in sein Eigenstes zurückgestoßen, ist es gewaltsam aus dem allgemeinen Weltschicksal ausgesondert: aus dem Vollzug des Chaos und der Zerstörung zu ihrem reinen Erdulden und damit zu seiner eigensten Bestimmung. Indem die verirrte Völkerwelt das jüdische Volk aus ihrer Gesetzlosigkeit ausgestoßen und in sein eigenes Gesetz zurückgezwungen hat, scheint sie in der ungeheuren Not, in die sie es stürzt, ihre eigene Rettung zu erheischen.

Damit ist auf Zion hingewiesen als auf die Rettung und Gefahr des Volkes zugleich. Sollten wir diese Lage nicht nach dem Vorbild der ersten Königswahl begreifen dürfen, die Gott gegen sein Gebot befiehlt, um sich der Könige als seiner Werkzeuge zur Rettung des Volkes zu bedienen? Sollten wir nicht die unfaßliche göttliche Verschränkung, in der auf das Haupt des kriegerischen Königs, der als ein Mann blutiger Hände dem Herrn kein Haus bauen darf, die messianische Friedensbotschaft gelegt wird, als Vorbild aller ungeheuren Paradoxien in den geschichtlichen Verwirklichungen Israels begreifen? Sicher kann nur ein davidischer Zionismus, ein Zionismus im Zeichen des kriegerisch-messianischen Königs, in dem der Weg durch die dunkle Wirklichkeit sternhaft vom Ziel überstrahlt wird, Inhalt der echten Zionsarbeit sein. Palästina ist nicht genug; es muß Zion sein, Zion werden. Damit ist keine rein geistige, wirklichkeitsferne Haltung bezeichnet, auch kein Wiederaufnehmen des Kultes, sondern ein hartes Sichhindurchringen des Kernes durch den schweren Boden der vollen, geschichtlichen Wirklichkeit, durch alle die gefahrvollen, mit radikaler Sinnauflösung drohenden Stadien der modernen Entwicklung, die sich auch dieser Wirklichkeit bemächtigt, die sich mit Notwendigkeit an den modernen Bauten, an der Entwicklung der Technik, an der Industrialisierung des Landes zeigt, die sich sogar an der in kürzester Zeit durch die Leidenschaft und Kraft des Volkes aus dem langen Todesschlaf erweckten, wiedergewonnenen heiligen Sprache kundtut, die im Eindringen moderner Begriffe und Wirklichkeiten immer mehr ihren sakralen Charakter einbüßt und zu einer modernen Umgangssprache wird. Es gibt kein klareres Symbol der heute dem Volk im Zionismus gestellten Frage: ob, losgelöst von allen traditionellen Formen, in einer Welt wie der unseren noch die Wirklichkeit des echten Zion gelebt und neugestaltet werden kann. Der Zionismus ist wie jede Wirklichkeit in Israel eine Kraftprobe, eine Glaubensprobe, eine Lebensprobe. Ist der Kern lebendig, so muß er keimen, in jedem geschichtlichen Boden auferstehen. Der Boden selbst aber bleibt irdischer Bereich; Zion bleibt Galuth bis zur Endzeit. Auch Zion ist nicht Ziel, sondern Weg, nicht Antwort, sondern Frage, eine offene Zukunftsfrage an das Volk. Ihre eigentliche Bewährung findet auch in einer ganz und gar säkularisierten Welt die Zionsarbeit nur in der Sphäre des Heils: nur in einer Umbildung, Neuwerdung der Gemeinschaft, einer neuen, lebendigen Darstellung des Menschlichen. Darum schließen Zionismus und Sozialismus nicht einander aus: sie suchen einander. Ein Zionismus ohne Änderung der verfallenen Wirtschafts- und Gesellschaftsformen wäre nicht der echte Zionismus, durch dessen volkhafte Gestalt immer die der Menschheit hindurchscheint. Das Wort Sozialismus selbst erhält in Zion einen neuen Klang; als gewaltiges Pedal dröhnt unter ihm das in der Frühzeit offenbarte heimatliche Gesetz. So haben ihn auch die Pioniere der Zionsarbeit begriffen und ergriffen. Wunderbar hat der hebräische Dichter Bialik den Sinn aller Zionsarbeit als Vorbereitung auf ein messianisches Ziel ausgesprochen: »Soviel Blut, soviel Liebe, soviel Schweiß wird in den Boden von Erez Israel eingesenkt, daß der Bauch der Erde früher oder später schwanger werden und ein Prophet von ihr ausgehen wird.« Es wird ein Prophet von anderer Art sein als die Gottesmänner der Frühzeit: aber ohne eine solche Neugeburt bliebe Zion leerer irdischer Grund.

Die gewaltigen Barrieren von Staat und Macht, die sich wider alles Erwarten und Versprechen auch vor dieser Verwirklichung einer selbständigen Volkswirklichkeit auftürmen, sich in eben dem Augenblick vor ihr auftürmen, wo das Volk ihrer zur Rettung aus schwerster Not bedarf, sind so gesehen ein Zeichen, das, indem es ihm erneut seine Fremdheit und Verlassenheit in der Völkerwelt bekräftigt, ihm zugleich ein klarer Wegweiser zu seinem Eigensten ist. Denn seine formlose Volksgestalt ist ja nicht nur von außen, sie ist auch von innen in unaufhörlicher Gefahr und Bedrängnis. Und wo, wie immer wieder in seiner Geschichte, das Volk, sehnsüchtig wie die anderen Völker leben und sterben zu dürfen, sich selbst nicht erträgt und in seinen Untergang strebt, wo es, wie sie alle, Nation werden oder sich in die Völker der Umwelt auflösen will, gerade da steht jedesmal die finstere Macht und treibt die einander Entfremdeten zur gleichen Leidensgestalt zusammen. Der Sinn aber, den auch ein Freud in diesem Geschehen nicht zu finden vermochte und aus seiner Erkenntnisweise heraus nicht finden konnte, ist in dem großen Midraschwort ausgesprochen: »Als König Ahasverus dem Hamann seinen Siegelring übergab und damit dessen grausame Judenverfolgung besiegelte, da hat er mehr für Israel getan als alle Propheten.«

DAS RINGEN

Was ist dies Mehr, das über alle prophetischen Worte und Taten hinausgeht, das durch keinen noch so lauten prophetischen Aufruf, keinen noch so mächtigen prophetischen Eingriff vermittelt werden kann? Es kann nur das sein, was uns das Schicksal vor aller Deutung und Vermittlung in uns selbst zu erfahren gibt: die Erschütterung in den untersten Grundlagen unseres Lebens, die Erfahrung, wie sie dem im Boden zerspringenden Saatkorn widerfährt, dem im Zerspringen selbst die Frage gestellt ist, ob es sterben oder eine neue Gestalt des Lebens aus sich hervortreiben will. Es ist die durch den Satan an Hiob gestellte Frage, die er mit dem Aufschrei beantwortet, der ihn im Leben erhält: »Aber ich weiß, daß mein Rächer, mein Löser, mein Erlöser lebt!«

Das von Tod und Zerstörung angefallene jüdische Volk lebt; es hat in der Finsternis seines Schicksals noch einmal eingewilligt zu leben. In einer tief zerbrochenen Welt selbst bis auf den Grund zerbrochen, spricht es sein Aber nicht mit der heilen Erlösungsgewißheit Hiobs; dennoch ist auch es mit seinem Aber über alles Fragen hinaus, da es eingewilligt hat, aus dem Abgrund seines Schicksals zu leben. Und daß eben dies: vom Schicksal immer neu aufgerissen, aufs neue gesiegelt und zum Untergang versiegelt zu werden, sein Leben selbst ist, das zeigt sich darin, daß heute in dem erneut durch alle Welt gejagten, von den grauenvollsten Untergängen zerrütteten und auseinandergerissenen Volk ein Funke echter Gemeinschaft aufgesprungen ist, der in den Jahrhunderten vor der Katastrophe erloschen war. Darin ist eine wahrhaft reißende Kluft zwischen dem Gestern und dem Heute aufgebrochen: Was gestern ruhig einebnende Wahrheit des Geistes oder freie persönliche Entscheidung war, das ist heute volle, von außen einfordernde Wirklichkeit geworden: eine Forderung und Bindung von solcher Kraft, daß auch das Bekenntnis zu Christus sie nicht zersprengt, daß selbst ein ganz ins christliche, ja ins kirchliche Bekenntnis eingemündeter, klarer und wahrer Geist wie Bergson sich ihr nicht entzogen hat. Denn anders verlaufen heute die Grenzen. Eine Entscheidung, die mit dem Abnehmen der zentralen menschlichen Kraft: des Religiösen, unwirklich geworden schien, ist uns heute wieder mit voller fordernder Wucht auferlegt. Von außen, von unserem Schicksal her finden wir uns gewaltsam in unser Zentrum zurückgedrängt; durch die Hand des Satans selbst sind wir in unser Eigenstes zurückgestoßen, zurückgeschleudert in eine Gemeinschaft, die nicht mehr besteht, die mit dem Bemühen unseres ganzen Lebens aus Nacht und Nichts, aus Auflösung und Zerstörung, aus Not und Tod erst wieder herauszuringen der Sinn dieser Gemeinschaft selbst ist, mit dem sie im Mittelpunkt der Menschheit steht.

Denn nicht allein das Bild des jüdischen Menschen, das Bild des Menschen überhaupt ist uns ja verloren; der Name Mensch ist für uns heute nicht lesbarer als der Name Gott. Wie wir, nachdem wir ihn so tief mit dem des Satans verschlungen kennengelernt haben, den göttlichen Namenszug neu und anders entwirren und lesen müssen, so umfaßt für uns der ins Satanische erweiterte menschliche Name, gleich dem über das uns als satanisch Bekannte hinaus erweiterten Namen des Satans selbst, anderes als zu jeder früheren Zeit.

Dies Ringen um eine neue Entwirrung des Namens Gottes und des Menschen geht durch die ganze Menschenwelt. Es reicht von dem Versuch einer neuen Erfüllung des Gottesnamens, die mit dem radikalen Verlust des menschlichen Namens bezahlt ist, in einer heutigen christlichen Theologie bis zu der vollkommenen Auslöschung des Gottesnamens in der Neugestaltung einer menschlichen Wirklichkeit. Der Kampf ist ungleich, die Waffen sind die denkbar verschiedensten; aber in beiden extrem einander entgegenstehenden Gestaltungen geht es in Bejahung und Verneinung um die beiden in jeder Zeit neu zu lesenden, neu zu erfüllenden Namen. Darum berührt in beiden dies Ringen das Leben des jüdischen Volkes; obwohl es beiden entgegensteht, hat es an beiden nach Sein und Bestimmung teil: an der christlichen durch das gemeinsame Gotteszeugnis, an der kommunistischen durch den Willen zu einer neuen menschlichen Wirklichkeit. Dem Christentum ist es durch die jüngste geschichtliche Entwicklung neu angenähert: durch die gemeinsame Verfolgung sind beide in denselben geistigen Raum zusammengedrängt: in den gemeinsamen Raum Israel, dem der rein heidnische Raum gegenübersteht. Ohne diese seit langem im europäischen Denken vorbereitete Scheidung der Geister: auf der einen Seite Israel: Judentum und Christentum, auf der anderen eine Welt, die mit äußerster Entschiedenheit die jüdisch-christlichen Gehalte und Wahrheiten ablehnt, wäre die Kriegswirklichkeit in ihrer jüngsten Gestalt undenkbar gewesen.

Vom Geist und von der Wirklichkeit aus sind so Judentum und Christentum sich der Gemeinsamkeit ihrer Gehalte wieder bewußt geworden, suchen und begreifen sie einander neu. Aber indem beide aus ihrem innersten Zentrum sich der heutigen Entwicklung entgegenstellen, stellen sie sich auch zugleich einander entgegen. Vom Judentum aus stellt sich die Frage, wie weit ein Christentum noch wahr und lebendig sein kann, in dessen nicht aufgehobenem Namen das Grauen des Gestrigen und noch des Heutigen möglich und wirklich geworden ist; die christliche Kirche, die erneut Israel in seinem Ewigen als ihre eigene Grundlage bejaht, verneint um so tiefer das jüdische Volk in seinem Zeitlichen: in seiner realen geschichtlichen Existenz. Und damit bricht im Augenblick ihrer neuen segensreichen Annäherung wieder der alte Abgrund zwischen ihnen auf, liegt zwischen ihnen wieder das nackte Schwert der Entscheidung: die entgegengesetzt beantwortete Frage nach der Welterlösung und damit die alte, heute so radikal wie je bejahte Frage nach der Schuld des jüdischen Volkes gegen die aus ihm entsprungene Botschaft.

Der Frage nach dieser Schuld kann trotz aller sie relativierenden geschichtlichen Entwicklungen keiner, der die Frage nach Sinn und Wahrheit des jüdischen Volkes stellt, weder Jude noch Christ, sich entziehen, und es wäre wider den tiefsten Sinn des in beiden lebenden Israel, dies zu tun, die Wahrheit nicht in der heutigen geschichtlichen Gestalt zu suchen, die Entscheidung nicht in der Form zu leisten, in der sie zu dieser Stunde gefordert ist.

Aber hebt nicht gerade die Forderung unserer Weltstunde die letzte Wirklichkeitstiefe dieser Kluft auf? Ist es nicht von der Wirklichkeit dieses Augenblicks aus unmöglich geworden, die Frage in der einstigen zeitlosen, dogmatischen Form zu stellen, die Antwort als starres, festgeformtes Ja oder Nein zu geben? Wohl unternimmt dies die Kirche heute mit solcher Gewalt, daß daran die vom Satan aufgerissene Kluft sich noch einmal vertieft. Ein großer heutiger Theologe hat das Wort ausgesprochen, daß Israel mit der Abweisung der aus ihm entsprungenen Erlösungsbotschaft die Sünde auf sich geladen habe, die nach dem Evangelium die einzige unvergebbare ist: die Sünde wider den heiligen Geist. Er hat damit einen geistigen Fluch auf das Volk geworfen, der hinter dem Fluch seines realen heutigen Schicksals nicht zurücksteht, ja ihn als dessen Rechtfertigung an Furchtbarkeit noch übertrifft. Mit ihm ist das Pauluswort getilgt, daß Gott nie seine Gnade von seinem Volk hinweggenommen hat und bis zur Endzeit nicht nehmen wird. Müssen wir aber wirklich die Gewißheit aufgeben, daß die im Irdischen nebeneinander verlaufenden Linien der beiden Bekenntnisse sich im Unendlichen wieder begegnen, die beiden aus einem Quell entsprungenen Heilsgestalten wieder in Ein Heil zusammenströmen werden, daß der gemeinsame Geist sie wieder eint? Nicht der heilige Geist ist ja die Form der Dreieinigkeit, die das Judentum sich nicht zu eigen gemacht hat; die Entscheidung fiel an der *Gestalt*. Der Sohn ist Gestalt; ihn hat Israel darum, wo es reines Israel blieb, nicht begriffen und ergriffen; um des gestaltlosen Einen willen, um des nicht sichtbaren, nur vernehmbaren Aufrufs willen ist es außerhalb der himmlischen und irdischen Gemeinschaft der Menschheit: außerhalb der Kirche und der Geschichte verblieben. Was es allein bewahrt hat, ist der *Geist*. »Der Geist des Herrn, Herrn«, der über dem Propheten ist, »darum, daß der Herr ihn gesalbt hat, den Elenden zu predigen, die zerbrochenen Herzen zu verbinden, zu verkündigen den Gefangenen die Freiheit, den Gebundenen, daß ihnen geöffnet werde.« Ist dieser Geist Gottes und seiner Verkündung nicht der wahrhaftige heilige Geist? Der Geist, der als »Ruach«, göttlicher Schöpferhauch, den Menschen zum Menschsein aufrufendes Leben, aus dem Alten in das Neue Testament, in ihm sich Gestalt erschaffend, hineinweht und aus ihm wieder den Flug nimmt in die Welt? Die Taube ist ja ein geflügeltes Wesen. Ist sie nicht der Bote, der über die sinkenden Wasser hinweg dem Geretteten als Verheißung Gottes das Ölblatt des Friedens für die Welt bringt: das Ganze der Zeit und des Raums überfliegender Bote? Überfliegt sie nicht so als heiliger

Geist jede, auch die heiligste formhafte Scheidung? Ist nicht eben dies das Wesen des heiligen Geistes? Schließt wirklich der Raum einer Kirche sein Wehen, sein Brausen ein? Zerbricht nicht sein Sturm alle Mauern und Räume, die geistigen wie die irdischen? Und ist nicht dies stürmische Zerbrechen aller, auch der festgefügtesten Räume das, was wir heute als unsere Wirklichkeit erleben? Wo ist noch ein Wort, eine Form, dies Brausen zwischen Zerstörung und Schöpfung, zwischen Verzweifeln und Hoffen zu fassen? Ist hier nicht alles ein einziges Sterben und Erstehen, ein Sichauflösen und Erneuern, wie das verzweifelte Ringen Hiobs, eine einzige Krise aller Gestalt? Der Kirche gegenüber steht die Synagoge; hier steht Bau gegen Bau. Aber stürzen nicht in diesem Augenblick beider Mauern vor dem Sturm des Wirklichen ein? Die Scheidung zwischen Kirche und Synagoge ist heute nicht die volle Wirklichkeit von Judentum und Christentum. Die Entscheidung für oder wider Christus verläuft in ihrer lebendigen Wahrheit jenseits alles Gebauten und Geformten. Alles klare Symbol, alles in fester Gestalt Geschaute steht, wie die Wahrheit des Buches Hiob, an der wir die unsere zu erfassen suchen, hinter unserem Leben als ein unendlich ferner Spiegel des lebendigen Strömens, in dem wir mit allem Unseren treiben. Jeder feste Besitz ist uns entrissen; wir kennen allein das Ringen.

Es war einer der tiefsten, wahrhaftigsten Christen unserer Zeit und gewiß aller Zeiten und einer der größten Künstler unserer Welt: van Gogh, der, nachdem er Jahrzehnte lang darum gerungen hatte, als Krönung und Segnung seines Werkes Christus in der Gestalt zu malen, wie er in unserer Welt sichtbar werden könnte, am Ende zu der Einsicht gelangt ist, daß im Stoff unseres heutigen Lebens eine Gestalt Christi nicht bildbar sei. Er hat den Verzicht auf das Sichtbarwerden des Unsichtbaren in unserer Weltstunde noch vor der äußersten Katastrophe geleistet und, wo immer Christus ihm als Gegenwart aufleuchtete, an seiner Stelle die erblickbare und doch als Taggestirn die ganz erblickbare Sonne gemalt: eine Sonne, die wie ein Heiligenschein um ein unsichtbares Haupt ist. Und mit diesem Verzicht auf die Gestalt Christi hat er Christus noch tiefer in sein Leben aufgenommen und aus ihm mit den Ärmsten der Armen, »die zerbrochenen Herzen zu verbinden«, gelebt.

So muß heute in einer Zeit schwerster Krise, des Ringens auf Leben und Tod, des Verlustes aller Lebensgrenzen alles Göttliche auf ein sichtbares Bild, ein Sichtbarwerden im Stoff unseres Lebens verzichten. Was vom Christentum aus die Schuld Israels ist: daß es, das Volk der ständigen Krise, zu keiner Zeit den Stoff des irdischen Lebens für fähig, für würdig, für rein genug gehalten hat, ein Bild Gottes in sich zu fassen, das erleben wir heute als Lage unserer Zeit, die wie jede Zeit bis zum Grunde aufgebrochenen Lebens, wie jedes Leben in der Krise wieder unter der Offenbarung steht, die um unserer Seelen willen den Verzicht auf Bild und Gleichnis fordert, die nichts von uns will als unser Leben. Auch Christus ist dieser Zeit nicht fester Besitz; er steht, so sehr sie ihn einzuschließen strebt, nicht verschlossen im Raum einer Kirche; er wartet auf uns als unsichtbar Lebendiger an jeder Biegung unseres Weges, auf den Juden wie auf den Christen. Und diese Begegnung ist keine Untreue; sie ist, wie wir sie heute erfahren, durch die ursprüngliche Fragestellung Israels selbst ermöglicht, das, da nicht das Sehen, sondern das Hören sein Teil ist, nie und nirgends nach dem *Wesen*, das allein nach dem *Willen* Gottes fragt. So ist es aller mythisch-gestalthaften gegenständlichen Form des Göttlichen ursprünglich entrückt. Die Wunder, die das Leben Christi durchziehen und umgeben, sind für den jüdischen

Menschen weder Gegenstand des Glaubens noch des Zweifels. Sie sind ihm Symbole im Sinne der Bildwerdung einer dem Denken unerreichbaren Wirklichkeit, in deren jedem der göttlichmenschliche Sinn tieferen Lebens aufleuchtet. Wohl scheiden sich an der Beantwortung der Frage, ob Christus Gott, ob er der Herr der Welt, ob er ihr Schöpfer ist, Judentum und Christentum; aber sie scheiden sich nicht erst an der *Antwort*, sie scheiden sich schon an der *Frage*. Der jüdische Mensch kann diese Frage als Frage nach einer gegenständlichen, aussagbaren Wirklichkeit Gottes gar nicht stellen. Er kann sich nur von dieser Wirklichkeit unmittelbar ergreifen lassen. Die Frage Hiobs ist nie und nirgends: Wer bist Du? welches ist Dein Wesen, Deine Gestalt? Sein einziger Schrei ist: Was willst Du von mir? Wie soll ich mich Deinem Willen beugen? Die Wesensfrage bedingt die Glaubensfrage. Hiob glaubt nicht an Gott; er hat ihn erfahren; Gott ist auf ihn gestürzt; wie könnte er nach seinem Wesen fragen?

Was das Judentum an Christus abweist, was es in Wahrheit von je abgewiesen hat, ist nicht sein Leben und Wirken und Sterben: diese reinste Bestätigung der ewigen Wahrheit Israels; es ist allein die Frage nach seinem Wesen und die Antwort auf diese Frage. Es ist die Abweisung derselben Frage und Antwort, die Martin Buber so ausgedrückt hat, daß diesem mit seinem Wort größten, reinsten, rechtmäßigsten in der Reihe der Propheten Israels das Judentum die Anerkennung als Messias um der Selbstenthüllung seiner Messianität willen versagen mußte, weil in Israel innerhalb der Geschichte der Messias verhüllt bleiben muß.

Die Taufe als Bekenntnis, das eine Entscheidung für ein Dogma, eine Aussage über das Wesen in sich schließt, kann darum für den jüdischen Menschen nicht die Form der Anerkennung der Botschaft Christi sein. Und wenn mit ihrer Ablehnung das Judentum von der geschichtlichen Gemeinschaft ausgeschlossen ist, die sich um den Namen Christus gebildet hat, so ist dies Schicksal, an das all sein Leiden anschließt, in seinem Ursprungssinn selbst begründet. Es gab diese beiden Wege: den Weg des Apostels, des Glaubens, der Gründung der Ecclesia, auf dem alles von Christus Gelebte Sakrament, sichtbares Heiligtum wird, und den Weg *des* Israel, das die Wesensfrage nicht stellt, auf dem alles Sein im Inneren verhüllt und verschlossen bleibt, auf dem allein die Stimme, das Wort, der Aufruf vernommen wird, auf dem die Passion nicht als sichtbares Geschehen erblickt, sondern als Leben des Volkes selbst übernommen wird. Und mag die Kirche an der Frage nach dem Wesen die Entscheidung zwischen Christentum und Judentum fällen: Christus selbst hat im Gleichnis vom Weltgericht die Grenze anders gezogen, die Entscheidung für oder wider ihn an eine andere Stelle verlegt: er hat in dem Wort: »Was ihr dem geringsten meiner Brüder getan habt, das habt ihr mir getan« nicht ein bestimmtes, formales Glaubensbekenntnis für sich gefordert, sondern den Menschen und sein Leben. Und gewiß ist heute die Taufe nicht der alleinige, nicht der wahre Trennungsstrich zwischen den Bekenntnissen. Welchem Menschen käme aus den Evangelien überwältigender der Geist des ewigen Israel entgegen als dem für seine eigenste Wahrheit aufgeschlossenen Juden? Jesus ist ja nicht nur, wie Luther es sagte, nach Fleisch und Blut uns näher als den anderen Völkern verwandt; er ist nach Seele und Geist der Sohn und Bruder Israels. Und umgekehrt ist er von der geschichtlichen Welt, von der europäischen Geistesentwicklung her so tief und lebendig in unser aller Dasein eingewebt, hat er den Geist jedes abendländischen Menschen so unwiderruflich geprägt, daß hier nur künstliche Scheidungen möglich sind. Wie zuerst Israel im Christentum das Abendland durchdrungen und zwar nicht sowohl seine Wirklichkeit, wie seinen Geist entscheidend geprägt hat, wie dann in den letzten anderthalb Jahrhunderten der jüdische Geist aus der abendländischen Entwicklung nicht wegzudenken ist, so ist umgekehrt der Geist Christi auch durch das abendländische Judentum ausgegossen, ist er so tief und unauflöslich mit ihm verwebt, daß die kirchlich-bekenntnismäßige Scheidung das Gewebe nicht mehr aufzulösen vermag.

Durch Kirche und Synagoge hindurch, über Kirche und Synagoge hinweg hallt so in unsere ringende Welt hinein der Ruf: »Gott liebt sein Volk Israel!«, ein Ruf so schmerzlich und schwer, wie er an kein anderes Volk je ergangen ist. Denn diese Liebe ist ja von eigener, furchtbarer Art; sie ist der Zugriff einer Hand, die von außen nicht zu gewahren ist. Die Freunde, die Hiob zu trösten kommen, verstehen sein Schicksal nicht, weil sie in ihm den Satan nicht erkennen. Auch Hiob erkennt ihn nicht; aber er fühlt in jeder Faser seiner Seele und seines Leibes, wie dieser Unsichtbare, Ungreifbare mit der von Gott verliehenen Gewalt um ihn seinen furchtbaren, aussondernden Kreis zieht. So ist heute der Wall von Millionen schuldlos hingemordeten Opfern von außen nicht als das zu gewahren, was er ist, ist er nur von innen zu erfahren als ein neuer Schicksalsring, der, unendlich fester und mächtiger als jedes kirchliche Bekenntnis, das Volk in die Finsternis seines gemeinsamen Schicksals einschließt.

Denn es sind nicht diese grauenhaften Opfer selbst, die uns am tiefsten binden. Sondern mit diesem Ring ist uns abermals, und nun in einer Tiefe und Bedrängnis wie nie vorher, die Frage gestellt: Soll das Volk untergehen? Hat das von Gott zugelassene Satanswerk diesen Sinn? Soll das verzweifelnde, schon so tief aufgelöste Volk sich in seinen Tod ergeben, weil der Feind es von Gott aus mit Untergang bedrängt? Hätte es die aus seiner eigenen Tiefe in die Welt entsandte Erlösung angenommen, es bestände nicht mehr. Aber nicht, um am Leben zu bleiben, hat es sie abgewiesen; was lag diesem Volk je an seinem Leben? Es lag ihm allein an seinem Gott. Hätte ihm an seinem Leben gelegen, es wäre längst Nation geworden. Aber nun ist es da, einsam und krank und todbedrängt auf seinem Scherbenhaufen; es ruft zu seinem Gott, und es findet ihn nicht mehr. Er, der von je sein Volk suchte, es zu immer erneutem Ringen antrat, stellt sich ihm heute nicht; er hat an es eine andere fremde und furchtbare Macht ausgesandt; er hat Wahnsinn und Verbrechen, er hat den gräßlichsten aller Morde zu seiner Zerstörung ermächtigt.

Vermag wirklich aus dieser satanischen Verstrickung, aus dieser Heimsuchung ohne Grenzen sich noch das alte schwere Segenswort Gottes an sein Volk zu lösen? Vermögen wir in dieser vollkommenen Verborgenheit Gottes diesem Schicksal einen wenn auch noch so tief verborgenen Sinn zu entreißen? Es ist wieder das Schicksal Hiobs, an dem es gerade in dieser Verborgenheit Gottes einen Sinn, seinen alten, ewigen Sinn gewinnt. Gott liebt sein Volk, wie er seinen Knecht liebt. Er will, was Liebe will: er will das *Ganze.* Indem er Satan Hand an seinen Knecht legen läßt, legt er selbst seine schwere Hand auf ihn, fordert er ihn ein. Nie ist Liebe anderes als Heimsuchung. Indem Gott sein Volk sucht, wie er Hiob sucht, sucht er es heim, heim zu sich. Das Leben Hiobs in seinem Angesicht, die Opfer, der Dienst seines Knechtes, der taghelle Kreis seines Lebens waren ihm nicht genug; er will auch die Nacht, das Dunkel, den Todesbereich; er will, indem er ihn in die unterste Lebenstiefe hinabzwingt, den Erweis, daß sein Knecht in keiner Faser sich ihm entzieht, daß er in Leben und Sterben nicht sich selbst, daß er allein Gott will. Das »Ganz sollst du sein mit dem Ewigen deinem Gotte!« ist als innerster

Kern des Alten Testamentes auch der innerste Kern des Hiobbuches und der letzte Sinn des jüdischen Schicksals.

Denn wie weit wir heutigen Menschen von solcher Ganzheit abgetrieben, ins Uferlose hinausgetrieben sind: der Anspruch ist im Kern derselbe: der des Bestehens im Leid. Es ist der Anspruch der Treue zu einem Volksein, von dem aller himmlische und irdische Glanz gewichen ist, das der Macht eines Bösen ohne Grenzen anvertraut und durch sie dem Untergang preisgegeben ist. Kann irgendein jüdischer Mensch es als Zufall begreifen, in dieser Stunde als Jude geboren, in das jüdische Schicksal gestellt zu sein? Gibt Gott ihm nicht heute durch den Satan zu verstehen, was er von ihm will? Ein Volk, das rein naturhaft sich selbst wollte, hätte vor der Wucht dieses satanischen Angriffs fraglos sich selbst aufgegeben. Der Widerstand gegen die Selbstauflösung kann nur entspringen aus der unterirdisch das Volk durchströmenden, der Natur entgegenströmenden Quelle seines Ursprungs: als die klare Gewißheit, daß die Selbstauflösung zu vollziehen eine Bejahung des Satans selbst wäre, eine Verkennung der Hand, die sich hinter ihm verbirgt. Unterhalb des Bewußtseins, in der tieferen, ursprünglichern Gewißheit des Seins lebt im Herzen des Volkes dies Wissen: die Zerstörung, die von Satan aus seinen Untergang meint, meint von Gott aus sein Bestehen und Überstehen. Es ist das kaum mehr aussprechbare Geheimnis, daß der dunkle Schicksalsring, in den Gott heute sein Volk eingeschlossen hat, der Ring seiner Liebe selbst ist.

So ungeheuren Sinn gewinnt in diesem Augenblick die Treue. Und wenn die Kirche die einzige Wirklichkeit ist, an der das Volk die Entscheidung über sein Fortbestehen vollziehen kann, so bedeutet dies so wenig eine Entscheidung gegen Christus, daß vielmehr aus ihr die Gewißheit sich aufdrängt, mit der sich der zersprungene Kreis, die tiefste Wunde des Volksschicksals schließt: daß Jesus selbst, wenn er einem heutigen Juden in der ganzen Schwere des Entscheidungserlebnisses begegnete, nicht in die Richtung der offen leuchtenden Kirche weisen würde, sondern in das Dunkel des aus tausend Wunden blutenden Volkes – jenseits alles sichtbaren Heiligtums in die gestaltlose Sphäre der Liebeserweisungen, des Gebets und der Sühne.

In seiner radikalen Zersprengung und durch sie ist so heute eine innere Einheit des Volkes wieder aufgerichtet, wie die vergangenen Generationen sie nicht mehr kannten und nicht mehr als ihre Aufgabe begriffen: eine Einheit, die das heimgesuchte Volk, wie immer es sich wandeln möge, heimführt zu sich selbst. Damit schließt sie es neu wieder an seinen biblischen Sinn an. So dünn und schwach der Faden ist, der das heutige heilsfremde Geschlecht mit der leuchtenden Frühzeit verbindet – er ist eisern, unzerreißbar, ein Seil als das ewig gleiche Schicksal, das aus seinem Ursprung unaufhaltsam sich entrollt.

Wohl sehen wir heute auch das Entgegengesetzte: daß nach diesem satanischen Angriff auf seine Substanz weithin das Volk seine Auferstehung verweigern möchte. Denn wenn der Wirbel von Grauen und Zerstörung, mit dem es heute im Herzen der Menschheit steht, für das jüdische Volk sich dadurch noch einmal vertieft und verwickelt, daß es nicht nur vom gestaltlosen Chaos, sondern auch von allen heutigen geschichtlichen Neugestaltungen mit Auflösung bedroht ist, daß es wie von der Kirche im Namen Gottes, so von der entgegengesetzten Wirklichkeit im Namen des Menschen eingefordert wird, wenn so vom Geist aus die heutigen Wirklichkeiten es in dieselbe Katastrophe stürzen, in die vom Leiblichen her der Satan es stürzt, wenn Freund und Feind ihm zu verstehen geben, daß sein

Dasein verwirkt ist, und beide es so vor die Endfrage stellen, ob es auch heute noch in seiner vielfach widergeschichtlichen Gestalt verharren will, so stellt diese Frage, vom Weltsturm gepeitscht, weit tiefer und durchdringender noch das jüdische Volk sich selbst. Das zeigen die zahlreichen Übertritte zum Christentum, das zeigen weit umfänglicher noch die Entscheidungen einer neuen Generation, die nicht mehr bereit und fähig ist, unter dem erloschenen Namen das allzu schwere Opfer der jüdischen Existenzform zu bringen, und sich weithin in die Strukturen der Umwelt auflöst.

Die natürliche Seite des Volkes neigt sich mit Macht seiner Auflösung entgegen, wie es das Recht der Natur ist. Alle natürlichen Gebilde streben in ihren Untergang, und Schmerz und Krankheit verstärken die Sehnsucht nach dem Tod. Auch Hiob sehnt sich nach dem Ende seiner fast verzehrten Existenz; aber als bloßes Aufhören des Leides ist es dem von Gott Ausgesonderten versagt. Was Gott Hiob zubereitet, indem er ihn vom Satan in die Todeskrankheit stürzen läßt und sich zugleich sein Leben vorbehält, das muß auch das Volk immer neu dadurch erfahren, daß es auch durch den furchtbarsten Angriff auf seine physische Existenz nicht zu vernichten ist, weil es wie Hiob nicht aus seinem physischen Dasein als seiner eigentlichen Wurzel lebt, sondern aus der unsichtbaren Wirklichkeit seines vom Schicksal ständig neu aufgerührten Sinnes. Denn Israel ist ja keine äußerlich eingegrenzte Wirklichkeit: es ist ein grenzenloser Sinn. Es ist das wider den bloßen Ablauf Eingerammte; es ist der zentrale Widerstand gegen das Chaos, gegen die leer und sinnlos verfließende Zeit. Es ist die Tiefe des Menschendaseins als Volksein; es ist die Bezeugung der Wahrheit für den Menschen, wie sie im Buch Hiob ausgesprochen ist: »Sie wird nicht gefunden im Land der Lebendigen. Der Abgrund spricht: Sie ist in mir nicht, das Meer spricht: Sie ist nicht in mir. Sie ist verhohlen vor den Augen aller Lebendigen... Die Verdammnis und der Tod sprechen: Wir haben mit unseren Ohren ihr Gerücht gehört. Gott weiß den Weg dazu und kennet ihre Stätte.« Woher wissen wir aber um diese dunkle, geheim fließende Quelle einer Wahrheit, die dem Menschen ganz und gar verborgen ist, zu der er von sich aus nicht den kleinsten Schritt tun kann, von der allein die dunkelsten und furchtbarsten Boten Gottes ihm ein Gerücht zutragen? Es hat sich als der Sinn des Hiobbuches enthüllt, daß nur die an ihre äußersten Grenzen geschleuderte Existenz etwas von der dunklen, unerfaßbaren Macht jenseits ihrer Grenzen erfährt. Nur das Äußerste, das Letzte, das das menschliche Leben an den Rand und über ihn hinauswirft: nur die Schrecken von Tod und Verdammnis schließen ihm etwas von jener ihm ewig verborgenen Wahrheit, die die seine ist, auf. Aber auch sie schenken ihm diese Wahrheit nicht – sie raunen sie ihm nur zu. Und auch dann noch, wenn ihr Raunen, ihr Gerücht an sein Ohr gedrungen ist, vernimmt der Mensch sie nicht, sondern sie tritt ihn an: er muß sich ihr mit seinem ganzen Leben stellen.

Darum sagt Hiob von den Freunden, die die Wahrheit seines Schicksals mit dem bloßen Denken, von außen, ohne die düstere Einweihung der Erfahrung ergreifen wollen: »Redet ihr doch davon wie der gemeine Pöbel!« Pöbel, das ist die Menschenart, die immer draußen bleibt, der das innere Mysterium durch ihr Sein verschlossen ist. Und darum sagt Gott später von den Freunden, die die dunkle versuchende Macht in Hiobs Schicksal nicht wahrnehmen: »Sie haben nicht recht von mir geredet wie mein Knecht Hiob.« Hiob, der, weil Gott, den er zu haben wähnte, sich ihm als Besitz entzog, in der Verzweiflung dicht, um Haaresbreite an die Grenze der Lästerung gelangt ist, er hat trotzdem von Gott recht geredet, weil er nicht *von* Gott, sondern *mit* Gott geredet hat, weil er, sich der Gegenmacht stellend, aus der Tiefe des Mysteriums von Tod und Verdammnis das an ihn ausgesandte Gerücht der Wahrheit zu ergründen rang, überall ist *das* Sinn und Kraft der Wahrheit Israels: nur als aus dem Grundlosen ergründeter Grund, als aus der Tiefe des eigenen Lebens erschlossene Erfahrung ist die Wahrheit des Ganzen zu erringen. Auch die fernste, entlegenste Wahrheit: die des Menschheitsfriedens am Ende der Zeiten wird ihm nicht als eine allgemeine, abstrakte Wahrheit des Wissens, sie wird ihm nur als messianisch zu verwaltende, als eine selbst zu erringende, im eigenen Gewissen verantwortete zuteil.

Darum ist das Schicksal des jüdischen Volkes ein immer erneutes an die Grenzengeschleudertwerden, von denen aus es im Ringen um sein Leben um den Sinn alles Lebens ringen muß. Und damit enthüllt sich die Kraft, die dies Volk nicht untergehen läßt, die es immer wieder ins Leben zurückzwingt, als eine genau der natürlichen Lebenskraft entgegengesetzte: als die Kraft jener letzten, dem Sein wie dem Denken verborgenen Wahrheit, deren Gerücht Verdammnis und Tod gehört haben. Nur an den Grenzen des Lebens und Lebenkönnens strömt der Quell dieser Wahrheit; nur von den Grenzen empfängt das jüdische Volk seine unerhörte Kraft zu leben und zu überstehen. Und dies fließt ihm aus seinem Ursprung. Das »Höre Israel!« selbst ist nichts anderes als der ständige Ruf an die Grenzen.

Dieser Ruf ist als reiner Aufruf keine Antwort auf die Frage des Menschen; nicht Erkenntnis ist sein Sinn. Hiob erhält auf seine am Rande des Lebenkönnens gestellten Fragen keine Antwort. Etwas völlig anderes widerfährt ihm: die ihm unbegreifliche Wahrheit selbst steigt plötzlich riesenhaft über ihm herauf, antwortlos, als die Selbstoffenbarung der Gerechtigkeit Gottes, um die er im Chaos seiner Verstoßung rang. Um Gott wußte, Gott erfuhr er in jedem Augenblick seines Leides, und um so verzehrender, je mehr er litt; über den Plan, die Wahrheit, die Gerechtigkeit Gottes war ihm im Übermaß des unverständlichen Leides das schwarze Tuch der Schwermut herabgesunken, und damit war erst die letzte Tiefe seines Leides erreicht. Nun plötzlich löst sich Gott von seinem Schicksal; er zerreißt die dichte schwarze Hülle und läßt den Satan im Dunkel zurück; er, er selbst, allein Er bricht im Überglanz seiner Schöpfung über den Geblendeten herein und schleudert ihm aus ihr seine Gegenfragen entgegen.

Wie kann aber die Schöpfung die Offenbarung der Gerechtigkeit Gottes für den Menschen sein? Ist denn das Reich der Natur in seiner blinden Gesetzlichkeit nicht das Reich der Ungerechtigkeit, des Grauens, der Grausamkeit selbst? Wie kann es Hiob die verlorene göttliche Gerechtigkeit offenbaren? Es geschieht durch die Gegenfragen Gottes an den Menschen. In den Fragen, die Gott ihm aus seiner Schöpfung entgegenruft, offenbart der Schöpfer dem Geschöpf die Schöpfung nicht als die vor ihm liegende Welt der Natur, sondern als lebendige Tat Gottes, die auf den Menschen bezogen ist: als die strömende Gewißheit, sofern sie die Beziehung zwischen Gott und Mensch in sich schließt, daß alles um uns und in uns Schöpfung ist: Beginn und Planung, drängendes Leben einer Macht, die, indem sie uns ganz umfaßt und durchwaltet, uns unendlich übersteigt. Hiob wußte um die Welt und ihren Lauf; er glaubte in ihr Gottes Wirken zu erkennen; es erschien ihm als Ungerechtigkeit. Er wußte nicht um die Schöpfung des Schöpfers, wie sie sich ihm nun in den Fragen Gottes erschließt. Aus der Tiefe des Schöpfungsmysteriums, das dem Menschen verhüllt und offenbar zugleich ist, von dem er als Wissender ausgeschlossen, in das er als Lebender eingeschlossen ist, brechen die Gegenfragen Gottes an den Menschen hervor und weisen ihm als dem Geschöpf des Schöpfers in ihr seinen Platz an. »Wo warest du, als ich die Erde gründete? ... Bist du in den Grund des Meeres gekommen und hast in den Fußstapfen der Tiefen gewandelt? Haben sich dir des Todes Tore aufgetan? Oder hast du gesehen die Tore der Finsternis? ... Wußtest du, daß du zu der Zeit solltest geboren werden? Und wie viele deiner Tage sein würden? ... Kannst du die Bande der sieben Sterne zusammenbinden oder das Band des Orion lösen?« Gott stellt alle Fragen seiner Allmacht, die die Ohnmacht des Menschen offenbaren. Er fragt nach dem Meer und dem Land, nach Erde und Himmel, nach Hagel und Blitz und Donner, nach dem Schnee und nach den Sternen. Er fragt nach dem Sichtbaren und dem Unsichtbaren, nach der dem Menschen verborgenen Weisheit und nach den offenbaren Kräften aller seiner Kreaturen. Wie im Leiden das Nein Gottes, so zieht in der Schöpfung das Ja Gottes flammend die Grenzen der Macht des Menschen. Gott nimmt den Menschen als Gegner ernst, mit seinem letzten Ernst: er ruft den ganzen Kosmos gegen ihn auf; er ehrt ihn, indem er ihn demütigt. Er entfaltet vor ihm die ganze

Macht und Furchtbarkeit des Schauspiels, in das er ihn gestellt hat; er freut sich am blendenden Gewitter seiner Macht. Die Schöpfung ist eine einzige Offenbarung der Macht Gottes auf allen ihren Stufen. Auch noch der schicksallosen, vordämonischen Macht der von ihm in Meer und Land geworfenen gräßlichen Ungeheuer, die kosmisch soviel mächtiger sind als der Mensch, rühmt sich Gott. In ihnen lebt die Schöpfungsmacht in ihrer Nacktheit, unbekleidet mit Geist und Willen; es waltet in ihnen ein Ernst von anderer dumpferer Art. In ihrer Grausamkeit offenbart sich ein noch an keiner Gerechtigkeit gemessenes Böses: Satan, den Gott noch nicht angeredet, noch nicht mit einer Botschaft betraut hat. Sie sind die unterste Stufe der Macht: das Nichts als Macht der Vernichtung. Auch diese Macht hat in Gottes Schöpfung Raum, wo sie nicht die Schöpfung selbst antastet. Denn Gott verwirft die Macht nicht; er bejaht sie: er ist »selbst mächtig von Kraft des Herzens«, mächtig aus dem innersten Mittelpunkt der Schöpfung. Er bejaht die Macht als Schöpfer, und er bejaht sie als Versucher: der ganze Hiobskampf ist ja eine Frage der Macht, *dieser* Macht: der Kraft des Herzens. Gott, der den Menschen in seiner geschöpflichen Ohnmacht aufsucht, sucht in ihm die Macht des Ebenbildes; er bedrängt unsere Ohnmacht; aber er will unsere Macht. Wie träte er sonst den Menschen an, um mit ihm zu ringen? Das ist die Urgewißheit Israels, die ihm in seinem Namen bezeugt ist: Gott sucht den Menschen im Kampf. Nur darum bedrängt er ihn mit dem furchtbarsten seiner Boten. Nicht dem Wurm, dem Staubkorn, erst dem wahrhaftigen, mächtigen Menschen, der wie Mose, wie Jakob, wie Hiob, wie die Propheten die Kraft seines Herzens in das Ringen mit ihm einsetzt, offenbart sich Gott als der Übermächtige. Nur der von Kraft des Herzens mächtige Mensch erfährt überhaupt die Schöpfung; nur dem, in dem selbst Ursprung ist, gehen die Augen auf für eine Ordnung, die er nicht begreift, aber überall außerhalb und innerhalb seiner gewahrt und schaffend wahrt. Ihm allein stellt sich so aus Sturm und Meer, aus Donner und Blitz, aus dem Wirbel der Sterne und aus dem Abgrund der Wahrheit die Frage Gottes, die unerschütterlich das Verhältnis zwischen göttlichem und menschlichem Werk gründet, »Wer hat mir etwas zuvorgetan, daß ich es ihm vergelte?« Was wir tun, was wir schaffen, was auch der Mächtigste unter uns erschafft: Gott, der Gott der Schöpfung ist immer der Erste, der Anfängliche, der, wenn wir mit unserem Werk beginnen, alles schon getan hat, der noch das kühnste, das mächtigste Werk unserer Hände durch das Leben eines Grashalms beschämt. Denn nur die Schöpfung des Lebendigen entspringt aus dem Nichts; dem Werk des Menschen ist immer die Schöpfung vorgegeben. Darum kommt keine Sünde des Menschen der gleich, diesen seinen eigenen Lebensgrund anzutasten, das Siegel der Schöpfung: den Frieden, zu brechen, Nichts und Chaos heraufzubeschwören, denen nicht er zu gebieten vermag. In der ganzen Geschichte Israels ist darum der Krieg als Todsünde verworfen; noch die Kriege für Gott sind als Kriege Götzendienst. Noch die Kraft, die wir Gott entgegensetzen, ist die seine. Unser ist nichts als der ständig von ihm erschütterte Grund unter unseren Füßen. Denn der Schöpfer ist nicht der göttliche Baumeister, der um uns her ein festes Haus errichtet hat; er ist der ewig Anfängliche, der lebendige Anfang in allem, was ist. In jedem seiner Worte und Werke bricht er als dies Anfangsgeheimnis: das den Menschen niederwerfende und aufhebende Geheimnis der Schöpfung über den Frager aus Nacht und Chaos herein, ihn niederwerfend, sofern er es zu erkennen ringt, ihn aufhebend, sofern es auch in ihm lebt. Hiob ist niedergeworfen; er liegt als Erkennender im Staub vor Gott; er tut

Buße in Staub und Asche. Er erkennt und bekennt: »Ich habe unweislich geredet, das mir zu hoch ist und ich nicht verstehe.« Nun, wo er mit den Ohren hört, mit den Augen sieht, was er nicht begreift, geht ihm auf, daß nicht das Begreifen sein Teil ist, sondern das Leben aus dem Unbegreiflichen. Und damit ist er als Lebender aufgehoben, ist er im Licht, in der Freiheit, aus dem Gefängnis des Fragens erlöst. Er lebt als Geschöpf in der Schöpfung. Indem sein Leben den Atem anhält vor der ungeheuren Verhülltheit des Sinnes, ist er wieder im Geheimnis Gottes geborgen, das als das ganz und gar unzugängliche ihn einhüllt und mit seiner Kraft trägt.

Wie in einer großen göttlichen Symphonie steigt so am Ende der Dichtung das schlicht begonnene Anfangsthema in unendliche Variationen entfaltet wieder auf. Aber es ist weit mehr und anderes als Musik; es ist gewandeltes Leben. Alles, was Gott ihm in der Offenbarung seiner Schöpfung entgegenruft, hat Hiob auch vorher schon gewußt. Er hat die Übermacht Gottes als völlig unvergleichbar mit der Ohnmacht des Menschen erkannt. Er hat den Unterschied zwischen Gotteszeit und Menschenzeit, Gottesraum und Menschenraum, er hat die ganze ungeheure Kluft zwischen Schöpfer und Geschöpf auch vorher schon ermessen. Er hat um dies alles gewußt und es ausgesprochen und es herausgeschrien vor Gott; aber er hat es vom *Menschen* aus gewußt; jetzt erfährt er es von *Gott* aus. Vom Menschen aus hat er es in Auflehnung und Empörung gewußt; denn vom Menschen aus ist es unlösbar; von Gott aus erfährt er es als das Maß im Übermaß, vor dem alle seine Maßstäbe zerbrechen. Denn was er vom Menschen aus als Gesetz begreifen wollte, erfährt er von Gott aus als *Wunder.*

Und als Wunder wird es ihm zuletzt noch in seinem eigenen Leben bestätigt. Hiob kommt aus dem Tod. Nicht aus dem Tod als ruhevollem Gesetz, wie es das Bild der Natur trägt, sondern aus der Todeserfahrung, wie sie durch die Schuld des Menschen in die Welt gekommen ist und in jedem Leben neu erfahren wird: als Einbruch Gottes in das menschliche Leben. Mit dem Sichtbarmachen seiner Schöpfung hat Gott auch den Tod wieder in seinen Plan aufgenommen, hat er ihm so durch die Schöpfung die Pforte aufgetan zum *Reich.* Denn daß Hiob am Schluß nach überstandener Prüfung alles Seine, auch das seiner Natur nach Unwiederbringliche, zwiefach zurückerhält, ist eine Überwindung des Todes, ein Wunder des göttlichen Reiches. – Die alttestamentliche Wissenschaft hat geglaubt, dies Kapitel sei nachträglich hinzugefügt; heute nimmt sie es wieder als echt an. Und gewiß wäre die wunderbare alte Geschichte ohne diesen Schluß nicht, was sie ist. Denn in ihr gipfelt ja noch einmal der Sinn des Hiobschicksals: Gott, der kein gedachter, denkbarer, der kein Gott der Gestalt, des Bildes oder Gleichnisses, der der dem Auge ewig verborgene, lebendige, wirkliche Gott der Schöpfung ist, dieser Gott antwortet der Frage des menschlichen Schicksals nicht; aber er kann es *wenden.*

Er antwortet nicht; aber indem er es wendet, indem er Hiob alles Verlorene zwiefach zurückerstattet, stellt er nicht nur seine Gerechtigkeit im Schicksal Hiobs, er stellt seine Weltgerechtigkeit wieder her. Nur so ist sie vollendet: die Vergeblichkeit des von Gott übergangenen Einzellebens ist getilgt; die Stimme des Menschen hat das Ohr Gottes und die Stimme Gottes hat das Ohr des Menschen erreicht. Das rasch verströmende, in die Zeit verstoßene Einzelleben findet sich wieder in einem Meer von Erlösung, in dem jede einzelne Welle zur Ewigkeit erlöst ist, es erfährt sich mitten im Strom aufgehoben in dem messianischen Mysterium der Wiederbringung aller Dinge.

Aber dies Mysterium kann sich Hiob nur offenbaren, weil auch diese äußerste Offenbarung Gottes nur die eine

Seite des Geschehens zwischen Gott und Hiob ist: Der Gott, der ihm alles Seine zwiefach zurückerstattet, findet Hiob nicht mehr als denselben, den er als Versucher antrat: er findet ihn als einen aus dem Tod Umgekehrten, in ein anderes Leben Heimgekehrten, durch die Heimsuchung Gottes Gewandelten. Nur *der* Hiob, der in dieser Heimsuchung an die Grenzen seines eigenen Daseins gestoßen und damit auf die Macht gestoßen ist, die ihn von dort auf sich selbst zurückgeworfen und gesprengt, die so seine Einkehr und Wandlung aus dem innersten Kern erzwungen hat, nur dieser gewandelte, dieser neue Mensch kann sein ihm wiedergeschenktes altes Leben als das Geschenk eines neuen Lebens empfangen.

DIE HOFFNUNG

Anders als durch solche Wandlung aus lebendiger Einkehr, Heimkehr zum Eigenen und Umkehr aus ihm zu einem gewandelten Leben kann auch dem jüdischen Volk sein altes Leben nicht als ein neues zuteil werden. Sich zurückwendend auf Rauch und Trümmer des jüngst Vergangenen bliebe ihm nichts, als zur Salzsäule zu erstarren. Wie immer es sich in der Zukunft gestalten möge, es darf nicht am Vergangenen haften bleiben, es muß voranschreiten und sich wandeln. Der heutige europäische Jude kann, so grundsätzlich sich ihm Europa versagt, und so sehr dies die Tragik seiner Lage vertieft, so wenig wie zu seiner letzten europäischen Form zu einer voreuropäischen Form des Judentums zurückkehren. Als heutiger Mensch, Träger des schweren und problematischen geschichtlichen Vermächtnisses, das sein Leben selbst ist, kann er zu keiner verlassenen Kultform und nicht zur Form des unverletzten Gesetzes zurückkehren. Wie im Leben Hiobs sind alle seine Pläne und Anschläge zertrennt; er steht in allem vor der Aufgabe der reinen Zukunft: der Zukunft, die eins ist mit der Frage, ob er an der fragwürdigen Form seines Daseins festhalten oder sie um eines einfacheren und flacheren Lebens willen aufgeben und damit sich selbst aufgeben will. Es handelt sich bei dieser Frage nicht um jene Gemeinschaften, die abseits vom Leben der Zeit aus den alten, unausschöpfbaren Glaubensformen ihr Leben gestalten; sie leben in einem abgesonderten Raum außerhalb der Geschichte; es geht hier allein um die, die in ihrem Leben die Auseinandersetzung mit der geschichtlichen Gegenwart leisten.

Und diese Auseinandersetzung ist dadurch noch einmal erschwert, daß das Volk in der Neugestaltung seines Lebens in alle anderen heutigen Zukunftsgestaltungen verstrickt ist und doch, um Volk zu bleiben, aus ihnen allen sich lösen, daß es aus dem ihm, und *nur* ihm, Gegebenen sein eigenes Schicksal herausringen muß. Und ob dies gelingt, ist nicht nur die Sache des jüdischen Volkes. Denn da es in solchem Ringen mit seinem Schicksal heute nicht allein ist, da es mit ihm im Mittelpunkt einer selbst von Tod und Zerstörung angefallenen Menschheit steht, die in der schwärzesten Nacht ihrer Geschichte um eine neue Gestalt ihres Lebens ringen muß, darum ist es für die Menschheit nicht gleichgültig, ob das jüdische Volk lebt oder untergeht. Wird dem Tod im Zentrum des Organismus standgehalten, dann hat das Leben gesiegt. Und weil es in der Bewahrung dieses lebendigen Kernes nicht um eine physische Bewahrung, sondern um eine geistige Bewährung geht, darum ist das Wort, das der verborgene Gott aus seiner geschändeten Schöpfung den verzweifelten Fragen seines Volkes entgegenruft, heute so deutlich als dasselbe zu vernehmen, das der Sinn der Enthüllung seiner Schöpfung, aller seiner Gegenfragen an Hiob ist: Du sollst leben! Denn damit hat es noch etwas anderes zu verwalten als sein Leben. Daß heute im Zentrum des Angriffs der Todeswelt das Volk stand, dem allein von allen Völkern das Leben als das Gute, der Tod als das Böse vorgelegt ist, und dem dies für alle Völker vorgelegt ist, weist es mit Macht an die Verwaltung seines zentralen Mysteriums. Heute wie an jeder Weltenwende ist es in diesem Wort aufgerufen, nicht wie alles Naturhafte zwischen Tod und Leben stehen zu bleiben, sondern dem Tod mit allem, was in ihm Leben ist, zu widerstehen, selbst die Vertretung des Lebens in einer

Welt des Todes zu sein. Heute, wo im geschichtlichen Leben auch noch der natürliche Stand zwischen Leben und Tod verlassen ist, wo grauenhafter als je in der Geschichte das Leben überwältigt ist vom Tod, hat sich der Todesdämon, der Tod und Nichts in unserer Welt entfesselt hat, nicht zufällig als seinen mächtigsten Gegner das machtlose jüdische Volk erwählt.

Und nicht zufällig ist heute das Unfaßliche geschehen, daß von allen um ihre Freiheit und um die Freiheit der Welt kämpfenden Völkern keines, nicht eines gegen das unmenschliche Schicksal des jüdischen Volkes sich erhoben hat. Es liegt in der geschichtlichen Entwicklung selbst, die zu diesem Ende geführt hat. In der ungeheuren Tragödie der Menschheit, deren Ausdruck der Staat: das wachsende Verfallen des Menschen an die tote Sache und ihre Ordnungen ist, war jedes Volk mit dieser ehernen Fessel an das Seine geschmiedet. Und je mehr von der leblosen Sache geformt, je durchrationalisierter, durchtechnisierter die Völker wurden, je mehr sich die tote Maschinerie des Staates, mit der toten Gewalt der Technik ausgerüstet, an die Stelle des lebendigen Volkes setzte und die lebendigen Einzelmenschen zur Masse zerstampfte, um so weniger konnten die Völker geneigt sein, das außerstaatliche Volksgebilde in ihrer Mitte zu schützen. Schutzlos, preisgegeben zu sein, ist das ihm aus seiner Bestimmung erwachsende, in einer dem Tode verfallenden Welt nur noch verhängnisvoller sich ausprägende Schicksal. Denn der Todesentwicklung der Menschheit, dem Verfallen des lebendigen Menschen an die tote Sache hat allein in der Menschheitsgeschichte mit der ganzen Wucht ihrer Botschaft vom Ursprung an bis zum heutigen Tage die Wahrheit Israels sich entgegengestemmt, indem sie aus allem, was Sache und Ding, was starr und tot, was Bild und Abbild aus Holz und Stein, was Staat und Gewalt, was Krieg und

Vernichtung, was tote Ordnung und leerer Begriff, was fester Besitz und was Dienst an ihm ist, unablässig den Menschen aufgescheucht, losgerissen, mit jeder ihrer Forderungen und Verheißungen ihn aus dem Tod als dem Bösen zum Leben als dem Guten aufgerufen hat.

Das Leben als das Gute, das ganz dem Tod entrissene, das ganz lebendige Leben ist der *Friede:* die Überwindung des Todes und des Toten durch die Kraft des lebendigen Herzens als des schlagenden Mittelpunktes der Schöpfung. Die unendlich fernen prophetischen Visionen von der Einen im Frieden geeinten Menschheit stellen nichts anderes dar als dies: den vollendeten Sieg des Herzens über die Welt der Dinge. Denn wenn wirklich die Wahrheit des griechischen Weisen gilt, daß der Krieg der Vater aller Dinge ist – und er ist es der Natur nach gewiß –, so gilt doch gewisser noch die Wahrheit der Schöpfung, daß der Mensch nicht nur ein Ding unter den Dingen der Natur, sondern selbst eine lebendige Mitte, ein schlagendes Herz ist, an diesem innersten Mittelpunkt vom Schöpfer lebendig festgehalten und in jedem seiner Schläge bedrängt, selbst die lebendige Entscheidung zwischen Tod und Leben, Krieg und Frieden zu sein. Satan kann nicht über Hiob siegen, weil es ihm nicht gelingt, das Schöpfungsgeheimnis aufzulösen, an dem ihn der Schöpfer lebendig festhält: das Herz, den Kern, die lebendige Mitte, aus der unbegreiflich, unverstörbar, allem Zweifel Hiobs an der Gerechtigkeit Gottes zum Trotz, der Ruf aufsteigt: »Aber ich weiß, daß mein Rächer, mein Löser, mein Erlöser lebt!«

Das Bestehen und Überstehen des jüdischen Volkes entscheidet sich an dieser Frage, ob es, anders als die an den Staat verratenen Völker, an diesem lebendigen Mittelpunkt, wenn auch noch so unsichtbar, festgehalten ist, ob es im Ringen zwischen der toten Sachwelt und der von allen Mächten des Heute in den Grund getretenen lebendigen Mittelpunktskraft der Schöpfung sein Schicksal als das des im Boden zersprungenen Saatkorns, als Keim neuen Lebens begreift. Denn den in der Tiefe zersprungenen Keim zu verwalten, ist in dem Wirbel von Macht und Tod, den die Völker aus ihrer Volksform entfalten, allein dem staat- und formlosen Volk auferlegt, das, durch sie alle ausgegossen, in seiner gestaltlosen Gestalt selbst den Mächten von Tod und Zerstörung entgegensteht. Darum darf heute in allem Grauen seines Schicksals das eine dem Volk gewiß sein: es bleibt nicht, wie es von der Welt her erscheint, als ein abgestoßenes, totes Stück Vergangenheit im Strom der ihm fremden Geschichte liegen; es ist in den Strom hineingerissen; es geschieht wieder etwas mit ihm. Es geschieht mit ihm das, was es an sein eigenstes Leben anschließt, was es erneut zu seinem Sinn aussondert, mit dem es für das Leben der Menschheit steht. Der Kampf, der heute gegen das jüdische Volk geführt wird, zeigt es durch seine Raserei selbst an: er gilt nicht allein, er gilt nicht in der Tiefe dem heutigen aufgelösten, unkenntlich gewordenen Volk; er gilt dem *ewigen Israel.*

Alles im ganz realen heutigen Leben weist es an diese seine ursprüngliche Bestimmung. Die geschichtliche Paradoxie selbst, daß es von der Welt gewaltsam auf sein Volksein zurückgeworfen und zugleich radikal in ihm verneint wird, die Staatenlosigkeit, die ihm weithin dies Doppelverhältnis bestätigt, gibt ihm dasselbe zu verstehen: sich ganz und gar als Volk, und in seinem Volksein selbst das Übervolkhafte zu gestalten. Ob im Aufruf Gottes, ob im Haß der Völker, immer ist ihm sein Volksein als ein übervolkhaftes, ist ihm sein Leben als ein transvitales bezeugt. Der dämonischen Entartung der Volkswirklichkeit zum Triumph des Todes, der unsere heutige Wirklichkeit ist, steht als Volk, durch dies übermäßige Geschick selbst verrenkt und verzerrt, allein das Volk entgegen, das in seinem Ursprung aufgerufen, in seiner Geschichte immer neu ausgesondert ist, an Stelle toter, menschgeschaffener Dinge und Ordnungen, die sich zwischen die Menschen und Völker stellen und sie auseinanderreißen, das unmittelbare Leben zu verwalten, das sie eint. Immer neu aufgerufen, aus allem Festen und Endgültigen sich zu lösen, in keiner Bergung und Sicherheit zu verweilen, muß es immer neu aufbrechen zum dunklen Weg des Lebens. Es ist das Mysterium der Passion, zu dem es aufgelöst ist: aufgelöst in dem doppelten Sinne des Verlustes der Gestalt und des Aufgebrochenseins zum Leben. Aus seinem immer neuen Auferstehen aus immer neuem Tod ist es im endzeitlichen Erkalten der Herzen erwählt, unsichtbar wie ein Strom warmer, lebendiger Tränen durch die vereiste Völkerwelt hindurchzurinnen und, selbst in immer neuen Erschütterungen von Eis und Starre befreit, alle Erstarrungen und Vereisungen zwischen den Völkern und den Einzelnen aufzuschmelzen, alles Erfrorene hinwegzutauen, reines, unmittelbares, gestaltlos flutendes Leben zu sein. Raumlos, reines, lebendiges Strömen, unsichtbar ist in dem Volk der Zeit und des Aufgerufenseins aus der Zeit alles. Unsichtbar ist das Schreiten des Messias durch die Zeiten seiner dunklen Geschichte, von denen keine die Erlösung bringt; unsichtbar bleiben in ihm die sechsunddreißig Gerechten, die in jeder Zeit das Leben als das Gute verwalten und es weitertragen durch die unerfüllte, ständig vom Sturm der Erlösung bedrängte Zeit. Die großen jüdischen Märtyrer dieser Tage wird keine Geschichte nennen – weder die, die freiwillig für ihr Volk, noch die erschütternd zahlreichen, die für das sterbende Europa untergegangen sind. Verborgen, unsichtbar bleibt in ihm alles; die Umkehr aus dem Tod und allem Todeswesen ist seine ganze Wirklichkeit. Diese Umkehr: der dunkle, unsichtbare, ganz und gar unsichere Weg des im Boden zerspringenden Saatkorns, das einsame Warten auf das Wunder des Lebens ist der einzige wirkliche Weg des jüdischen Volkes. Nur ein Wunder kann ihm nach dieser entsetzlichsten aller Zerstörungen seine Gestalt zurückgeben. Die Frage: Wie wird eine neue Gestalt, eine neue Lebensform des jüdischen Volkes nach diesem Krieg aussehen? ist von jedem Dunkel umlagert. Die in alle Teile der Welt ausgestreute Saat des Judenhasses ist unermeßlich aufgegangen; in ihrer Entfaltung betreibt der Feind der Menschheit sein eigenstes Werk weiter. Die Welt ist zum Ersticken voll vom Atem dieser Saat; auch noch das Grauenvollste, was Juden widerfahren ist, hat der Entfaltung dieser Saat gedient; es hat in einer Welt des Grauens zum Grauen schnell seine Schärfe verloren; es hat das Gewissen der Menschheit nicht erweckt, sondern durch die Gewöhnung an das Übermaß abgestumpft und verroht. Wo einmal das Äußerste wirklich war, ist fortan alles möglich. Und die Weltgefahr ist ja mit dem Krieg nicht zu Ende; der einmal entfesselte Tod läßt sich nicht Halt gebieten; wir sehen ihn in unzähligen Gestalten über die Erde schreiten; wir sehen, wie er sich in einen winzigen Punkt zusammenzieht und von ihm aus den Planeten mit Vernichtung bedroht. Es scheint kein unaufhaltsameres Wachstum zu geben als das des Nichts. Denn das Nichts kann nicht vernichtet werden, und seine Aussaat: die Saat von Wahnsinn und Tod muß aufgehen. Und die Weltnot selbst ist der fruchtbarste Grund für die unheilvolle Saat. Immer düsterer und verlassener zeichnet sich so die Zukunft des jüdischen Volkes ab: heute mehr als je Mittelpunkt einer Weltnot und Weltkrise ohnegleichen.

Aber wenn so der radikale, der bewaffnete Zionismus sich als der einzige Ausweg, als die einzige Form aufzudrängen scheint, die das Volk als Volk erretten könnte, wenn wir aus der Tiefe der Verzweiflung über ein in schwerster Stunde gebrochenes Versprechen ganz den Kampf verstehen, zu dem heute ein Teil der Jugend in Palästina aufsteht, so ist doch gerade an dem sich fortpflanzenden Entsetzen der heutigen Weltentwicklung auch mit letzter Klarheit offenbar geworden, daß, wo und um welches Zieles willen er auftrete, gerade der Nationalismus, das bewaffnete Bekenntnis zur Nation den Sinn des Volkes an den Wahnsinn der Völkerwelt verrät. Diese Art der Selbsterhaltung, die der echte Zionismus grundsätzlich verwirft, wäre, wenn sie gelänge, als ein Sicheinfügen in den heutigen Stand der Welt ein Sicheinfügen in das Chaos. Keine Lebensgestaltung ist für das Volk durchdringender zu fürchten als die nach dem Vorbild der heutigen Völkerwelt. Hier hat Satan seine letzte Schlinge gelegt. Hier steht es in der Frage nach seinem Dasein ganz vor der Frage nach seinem geistigen Bestande, mit dem es der Menschheit verpflichtet ist. Wohin wir uns wenden, von wo wir es erblicken, überall sehen wir so heute das Volk in der Lage auswegloser Entscheidung. Jedes Leben in der Wirklichkeit scheint ihm abgeschnitten, wie es der Verfolger gewollt und weithin schon erreicht hat. Soll wirklich dem Satan der Endsieg bleiben?

Es scheint nur eine sehr dunkle geschichtliche Antwort auf diese Frage zu geben. Und doch empfängt ja in seiner Geschichte selbst das Volk eine Antwort auf das Angefallensein vom Satan, die alles Geschichtliche übersteigt. Allein das Volk, das für sein Leben nicht mit den Waffen der Völkerwelt kämpft, allein dies am schwersten angefallene, am furchtbarsten mit Zerstörung bedrohte Volk ist das überlebende. Und damit fällt jäh ein Licht auf die Verknotung von Gottesmacht und Satansmacht im Schicksal Hiobs und in dem des Volkes, beginnt in wunderbarer Weise der tief mit dem der Gegenmacht verschlungene

Schriftzug des göttlichen Namens sich zu lösen: Allein *das* Leben, das aus der Wahrheit lebt, deren Gerücht Verdammnis und Tod gehört haben, hat die Verheißung des Lebens. Und damit dämmert an den äußersten Grenzen alles Fragens die Frage auf, die als letzte Frage des Hiobschicksals auch die letzte des jüdischen Schicksals ist: Ist dann nicht Satan selbst, indem er Hiob im Kern des Lebens angegriffen und so seine Verwandlung aus dem innersten Kern bewirkt hat, der, der ihm die Möglichkeit eines neuen Lebens geschenkt hat? Dann ist der Funke, der aus dieser dunkelsten Verwicklung hervorspringt, selbst nichts anderes als die messianische Hoffnung des jüdischen Volkes, ist die Verknotung von Gottesmacht und Satansmacht in seinem Schicksal nur die finstere Verpuppung jener ewig flügelschlagenden Hoffnung, die allen seinen Zerstörungen begegnet.

So aber ist Satan als der Abgesandte Gottes selbst der Vollstrecker des messianischen Schicksals. In unsere mythenfremde Sprache übersetzt bedeutet das: Nur wo das Dasein in letzter Lebens- und Sterbenstiefe sich sammelt zur äußersten Krise und Gefahr, dort allein entspringt in ihrer echten Macht und Wahrheit die Kraft der Tiefe: die Hoffnung. Durch die finsterste Larvenhülle des Schicksals arbeitet sie sich mit der drängenden Kraft unsterblichen Lebens zu ihrer Flügelgestalt empor.

Diese Kraft des unsterblichen Lebens ist das Vertrauen. Das Vertrauen, wie es ein großer moderner Jude in dem Wort ausgesprochen hat: »Vertrauen zum Leben haben ist gar nichts anderes als Gott vertrauen.« Es ist ein wunderbar jüdisches Wort: Vertrauen zum Leben ist immer wie das Vertrauen Hiobs im Anblick der unbegriffenen Schöpfung Vertrauen zum *Wunder*. Es ist inmitten des furchtbar schwankenden Menschendaseins das stille, feste Dennoch, mit dem es Anker wirft im Bodenlosen. Das Vertrauen ist in der brennenden messianischen Ungeduld des Volkes die große messianische Geduld. Im Vertrauen wurzelt sein Wartenkönnen und Überstehen; das Wartenkönnen im nicht mehr Lebbaren ist seine Begnadung durch das Leben selbst. Es ist die Einwohnung der verborgenen Schechina, der biblischen Gottesherrlichkeit in dem geschlagenen Volke in jeder, auch der ganz von Gott verlassenen Zeit. Es lebt im Warten; wartend verwaltet es das Leben; immer wird es wie sein erster König nur da schuldig, wo es nicht warten kann, wo es das Vertrauen zum Leben verliert. Heute können wir ganz ermessen, was ihm mit dieser Forderung auferlegt ist. Es gibt wohl keinen lebenden jüdischen Menschen, in dessen Seele nicht einmal der Schrei des Psalmes aufgestiegen wäre: »Wohl dem, der die jungen Kinder nimmt und sie zerschmettert an einem Stein!« Und doch: die große Welle des jüdischen Lebens geht weiter. Sie kann nur so lange weitergehen, wie dieses Warten kein leeres Warten, wie es Vertrauen ist: Vertrauen zum Leben, messianische Hoffnung, dies äußerste Paradox zu allem, was das Volk in seiner Geschichte je erfahren hat: dieser vollendete Triumph seiner Bestimmung über sein Schicksal.

Denn dies Warten im Vertrauen, in der von ihm getragenen Hoffnung ist ja die einzige Antwort auf die ihm aus der Gegenwart gestellte Frage: ob es in den Finsternissen seines Schicksals mit allem Heutigen sich der tödlichen Schwermut verschreibt, die aus dem Verfallen an das Tote unerbittlich aufsteigt: der Schwermut, die durch seine ganze Geschichte als die widermessianische Sünde verworfen wird, oder ob es der Kraft des überdauernden Herzens, der unermeßlichen Heilsspannung: der Hoffnung, mit der es durch die Geschichte ausgespannt ist, auch heute die Treue wahrt. Denn in ihr ist die Verantwortung für die Zukunft der Gemeinschaft übernommen, beginnt die Verwirklichung des Menschheitstraumes, wie ihn so groß und schmerzlich allein das Volk geträumt hat, das am Zerreißen des Bandes zur menschlichen Gemeinschaft immer neu ihren überschwenglichen Sinn und Wert erfährt.

Sind wir, ein abgesprengtes Häuflein zufällig vom Äußersten Verschonter, mit diesem großen Traum zu weit von der düsteren Wirklichkeit unseres Volkes, von allem noch Wirklichen und Möglichen entfernt? Aber wir, die noch leben und sehen, sind doch durch das Schicksal selbst aufgerufen, zu wachen, daß nicht die von den blutigen Wolken des Heute verhüllte und geschändete ewige Wirklichkeit des Volkes hinter seiner zeitlichen versinkt, nicht der letzte Sinn und Wert jüdischen Lebens in den rauchenden Trümmern seines Schicksals zerfällt. Darum blicken wir auf zu der großen alten Dichtung, die von Anfang bis zum Ende Schicksal und Entscheidung des jüdischen Volkes spiegelt. Das Buch Hiob, das Schicksalsbuch unseres Volkes, ist, wenn irgend etwas, das je auf Erden geschrieben wurde, ein Buch des Lebens und des Vertrauens zum Leben, jenseits der eisernen Klammern von Leid und Lust, jenseits von allem Gut und Böse, das dem Menschen fester Besitz ist. Vor vielen Jahrtausenden wurde hier das Buch eines Lebens jenseits von Gut und Böse geschrieben, in dem Gott sich selbst, den Satan und den Menschen in seinem schweigsamen Liebesgeheimnis umfängt, von dem nur ein Strahl, ein Gerücht in seltenen Augenblicken Auge oder Ohr des Menschen erreicht. Aber dies Jenseits von Gut und Böse ist Gottes, nicht des Menschen; dem Menschen legt Gott es zu immer neuer Scheidung und Entscheidung in die Hand. Denn nicht ein- für allemal sind die Mächte geschieden; zu jeder Zeit, in jedem Leben muß der Knoten, zu dem sie verschlungen sind, lebendig neu entwirrt werden. Um dieser Entwirrung durch den Menschen willen sendet Gott den Satan aus, hat er ihm gewaltige Macht gegeben, die aus seiner eigenen sich speist. Keinem als dem, der an seiner Macht teilhat, kann Gott diese Botschaft übergeben. Und so lernen wir zuletzt das Unbegreifliche begreifen, daß Satan unter den Kindern Gottes ist. Nur rein für sich, losgelöst von seiner Sendung, als reiner Gegenspieler Gottes ist er ganz unser Feind. Ihn im Ganzen unseres Schicksals als den Abgesandten, als das Kind Gottes, als die Offenbarung seiner Macht aufnehmen, im zerstörendsten Angriff des Bösen erst den ganzen Umfang der Macht Gottes und die brennende Frage seiner Liebe erfahren, heißt aus der Tiefe der messianischen Hoffnung leben. Und dies ist ja die Wahrheit, die Haltung Hiobs, die von den Freunden nicht verstanden wird: indem er Gott unterhalb alles Fragens und Wissens die Treue wahrt, hat er Satan in das Schmerzensgeheimnis seines Lebens mit aufgenommen, ihn an sein Herz gedrückt und als Kind Gottes bejaht. Satan unter den Kindern Gottes, das ist das letzte, äußerste Geheimnis des Hiobbuches; es ist das letzte Geheimnis auch des jüdischen Volkes, das seine Lebenskraft aus seinen Zerstörungen selbst empfängt.

In der Entwirrung dieses messianischen Geheimnisses, in das wir heute wieder auf Leben und Sterben hinabgestoßen sind, in dem Ja oder Nein zu den Mächten, die immer vereint die Seele antreten, löst sich die entsetzliche Verschlingung. In ihr hinter dem, der nicht den Sieg behalten darf, den erfahren, der ihn aussendet und selbst in der finstersten Hölle der Versuchung die Seele nicht losläßt, heißt aus der Tiefe der Wahrheit leben, deren Gerücht Verdammnis und Tod gehört haben, die kein Mensch erreicht, zu der allein Gott den Weg weiß. Es heißt aus der Frage des zweiundzwanzigsten Psalms leben, die die eigentliche Frage Hiobs, die Frage des um Gott gefolterten Volkes, die

Frage des bis zum Grund aufgebrochenen Menschendaseins, die der letzte Schrei des gekreuzigten Christus ist.

Es ist die Frage des Auferstehenkönnens, die als schwarze, blitzende Wolke über unserer ganzen Zeit liegt. Die Welt ist zerstört, Gott ist verleugnet, der Mensch hat seine Gestalt verloren; er ist aus allen Formen, in denen wir ihn zu fassen glaubten, ins Uferlose ausgeflossen; der Name Mensch ist heute nicht mehr als ein Versuch der Bewältigung des Chaos. Unsere Zeit ist voll von Versuchen einer solchen Bewältigung. In ihrem abwärtsstürzenden Geschehen, in dem aus der Verschlingung von Gott und Satan immer entsetzlicher nur noch der Satan uns anblickte, lag auf dem Grunde alles Fragens und Forschens die Frage nach dem sich selbst entgleitenden Menschen, hat ein immer tiefer hinabdringendes Wissen den Knoten der menschlichen Existenz zu entknüpfen gesucht. Viel ist diesem Wissen zu ergründen gelungen; es ist in den Vorraum des Mysteriums eingedrungen; aber nirgends, auf keinem seiner Gebiete ist es über die Erkenntnis hinaus, unter die Einsicht hinabgedrungen, daß kein noch so tiefes menschliches Wissen den Knoten bis zum Ende entknüpfen, dem Menschen die reale Entscheidung zwischen den in ihm selbst verknüpften Mächten abnehmen kann.

Wohl sind auch dazu in unserer Zeit gewaltsame Versuche unternommen worden. Aus der radikalen Verzweiflung am Menschlichen hat schon gegen das Ende des ersten Weltkrieges eine große christliche Theologie den Knoten mit dem Schwert einer einmaligen Entscheidung durchhauen, indem sie die biblische Wahrheit vom Fall des Menschen als die ganze menschliche Wahrheit begriffen, den Menschen als Kraft der Entscheidung aus ihrer Welt getilgt und über seinem Zerfall als einzige Wirklichkeitsmacht Gott in seiner richtenden Furchtbarkeit sichtbar gemacht hat. Und wenn hier in der Gnade Christi dennoch wieder eine Brücke über den Abgrund zwischen Gott und Mensch geschlagen wird, so ist dies dem großen jüdischen Denker versagt, der früher schon, ganz im Beginn unseres unheilvollen Jahrhunderts in seiner Neudeutung des Pentateuch aus der gleichen Verzweiflung am Menschen die ganze Menschenwelt ins Nichts gestürzt und über ihr als alleinige Wirklichkeit die Macht des mythisch erfaßten Gottes Jahwe in gewaltiger, leerer Größe enthüllt hat. Als Jude, der sich streng auf ein vorchristliches Judentum zurückzieht, der so selbst die Brücke schlagen, selbst zur Brücke über den Abgrund werden muß, hat er mit der Wirklichkeit des Menschen auch den wirklichen Gott verloren und bleibt in brückenloser Einsamkeit zurück.

Denn anders tönt aus dem Alten Testament der Aufruf Gottes an den Menschen, wie ihn machtvoll Jesaja verkündet hat – ein Aufruf, der auch in einem beherzteren Christentum, dem es ganz um die Verwirklichung des Reiches geht, niemals verklungen ist. Hier wird Gott selbst davon berührt, wenn der Mensch ihm fehlt. Auf die zitternde Frage des Menschen an den daherbrausenden Gott: »Warum ist dein Gewand so blutfarb und dein Kleid wie eines Keltertreters?« antwortet Gott: »Ich trete die Kelter allein und ist niemand unter den Völkern mit mir. Ich habe sie gekeltert in meinem Zorn und zertreten in meinem Grimm. Daher ist ihr Blut auf meine Kleider gespritzt und ich habe all mein Gewand besudelt. Und ich sah mich um, da war kein Helfer... Und ich habe die Völker zertreten in meinem Zorn und habe sie trunken gemacht in meinem Grimm und ihr Blut auf die Erde geschüttet.«

Es ist das Bild unserer heutigen Welt. Gott rast, wenn ihn der Mensch allein gelassen hat. Dieselbe Wirklichkeit, in der Gott die Kelter allein tritt, ist auch die, in der der Mensch allein ist; indem er sich Gott versagt, versagt sich ihm Gott. Vielleicht mußte einmal der Mensch so radikal auf sich selbst gestellt sein, um zu erfahren, wie eine Welt aussieht, in der er von Gott und von sich selbst verlassen ist. Es ist der Krieg aller gegen alle, in dem mit der letzten Spur von Ehrfurcht vor der Schöpfung alles Göttliche und Menschliche preisgegeben ist. Es ist das Blutmeer des totalen Krieges, das die Gewänder Gottes besudelt, in dem Gottes Tritt selbst den Menschen zertritt; es ist die Wirklichkeit eines Satans, der heute den biblischen so weit überbietet und unterbietet, wie die zu seiner vollendeten Hilfsmacht gewordene Macht der Technik das Lebendige überbietet und unterbietet. Es ist die Zerstörungsmacht eines Wissens, das vor keinem Lebendigen mehr haltmacht, das den Kern der Schöpfung selbst antastet und in ihm den Keim des Ebenbildes. Es ist die Zerstörung, die durch die einmal geschehene Tat des Wissens unerbittlich in alles Lebendige hinein sich fortsetzt; es ist die endgültige Auslieferung des Menschen an die Sache; es ist die Abdankung des Menschen vor seinem eigenen Wissen und Gemächt; es ist der Tod des lebendigen Menschen, bevor er ihn gestorben ist. Es ist die Krise alles Geschaffenen, bis zur Zersprengung des Schöpfungskernes selbst.

Eine neue unerhörte, furchtbar gewandelte Wirklichkeit steht vor uns. Können wir auch dieser Wirklichkeit gegenüber noch die Hoffnung, das Vertrauen zum Leben bewahren? Die Veränderung, die den Kern trifft, trifft das Ganze: eine Welt, die gestern noch wahr und wirklich war, ist es heute nicht mehr. Schon hat eine neue Generation begonnen, sich in einer menschlich unwirtlich gewordenen Welt, einer Welt der Zerstörung, des Erkaltens und Erstarrens einzurichten. Und auch das jüdische Volk, das in ihr mitgelebt hat, ist ja tief in diese Welt verflochten, einbezogen in eine Welt, der die messianische Lösung der Krise bis in die Wurzel fremd geworden ist. Auch dies Volk hat ja teil an jener Entmenschlichung des Menschen durch die Technik, die seit mehr als einem Jahrhundert alle großen Europäer vorausgesagt und vor der sie, die ihren Umfang noch kaum erahnten, sich voll Grauen auf ihre versinkende Welt zurückgezogen haben. Die Endvision des spätesten dieser Europäer, in der er sich vom Nichts der Weltentwicklung ans Kreuz geschlagen erblickte, enthüllt erst heute, wo wir der ganz realen Weltzerstörung ins Auge sehen, die ganze apokalyptische Wirklichkeitsmacht ihrer Wahrheit: als die des echten *Ecce homo* unserer Stunde: des vom Nichts gekreuzigten menschlichen Selbst, das wir heute von zwei entgegengesetzten Seiten der Zerstörung preisgegeben sehen: von innen als die Zersprengung des zentralen Schöpfungskernes, die auch die seit Jahrzehnten betriebene Zersprengung der Seele in ein neues unheimliches Licht gerückt hat, von außen durch eine Neuordnung der Gesellschaft, in der wir immer deutlicher die Gestaltung der Gemeinschaft aus dem Zentrum menschlicher Verantwortung in das Kollektiv, ein von Sache und Technik geordnetes Massenleben hinübergleiten sehen.

Gibt es in einer so beschaffenen Welt noch eine Möglichkeit zentral verantworteten Lebens? Ist sie uns nicht in ihr ganz und gar verloren? Aber diese Möglichkeit bedarf *letzthin* keiner Voraussetzung in irgendeiner Welt; sie besteht gerade darin, in jeder Wirklichkeit immer neu lebendige Mitte zu schaffen. Wohl erscheint es in einer zugleich erstarrten und chaotisierten Welt wie der unseren als Wahnsinn, aus der messianischen Verantwortung für den Frieden zu leben. Und doch besteht ja für das Volk, das an den allgemeinen Ordnungsversuchen der Völker nicht teilhat, unverändert allein diese Forderung, wie sie für jedes Menschendasein als letzte Forderung unaufhebbar besteht. In den mühsam und beängstigend verworren einsetzenden Friedensverhandlungen der Völker hat das jüdische Volk keine oder nur eine fast unhörbare Stimme; von ihm ist heute wie immer die Entscheidung für den Frieden als Entscheidung des einzelnen Gewissens gefordert: als Lösung der schweren Lebenskrise, als Auflösung des furchtbaren Krampfes, in den es von der Welt her gepreßt ist, durch die in ihm vorgezeichnete Richtung.

Die ganze Schwere dieser Forderung inmitten unserer Welt erweist sich an jener dunkelsten Stelle, wo sie als ganz konkrete und fast unerfüllbare gestellt ist: am Verhältnis des heutigen jüdischen Menschen zum heutigen deutschen Menschen: also an der Frage: Wie soll das jüdische Volk zu dem Volk, das die Vernichtung des europäischen Judentums unternommen und sie nur durch seine Niederlage, also einen Eingriff von außen, nicht bis zum letzten jüdischen Menschen durchgeführt hat, das sich mit sechs Millionen bestialisch hingemordeter wehrloser Opfer begnügen mußte – wie soll, wie kann, wie darf der jüdische Mensch zu den Menschen dieses Volkes aus reiner Verantwortung für den Frieden, und das heißt: aus innerster Not und Bedrängnis des Gewissens sich stellen?

Es ist unnötig, vorauszuschicken, daß die Deutschen, die diesem Tun wirkend sich widersetzten, daß vollends die, die ihr Leben in diesen Widerstand einsetzten, aus diesem Deutschland reiner als wir selbst ausgeschieden sind, daß sie den Begriff eines einheitlichen Deutschland an einer Stelle sprengen. Und dennoch: es gab und es gibt dies Deutschland, das – gleichviel, wie groß der Anteil der Mitschuld anderer Völker ist – nicht nur Millionen wehrloser Menschen gewerbsmäßig hingeschlachtet, das auch die Saat unfaßbaren Verbrechens und unmenschlichen Hasses für Generationen dem eigenen Volk und der Menschheit eingesät hat. Und auf die Frage, ob es ein Zufall war, daß gerade von diesem Volk dies Widermenschliche ausgegangen ist, ist die Antwort ein klares Nein: wir vermögen in der deutschen Geschichte, im deutschen Geist, in der deutschen Gesinnung deutlich die Wesenszüge aufzufinden, die – in unausdenkbar tiefem Sturz durch das Zeitgeschehen als Ganzes und durch unerträgliches nationales Unglück – in diesen Abgrund hinabführten. Aber daneben stellt sich doch sofort die Frage: Hatten denn nicht wir, die deutschen Juden, an diesem Geist, diesem Wesen teil? Haben wir nicht in jenem Lande mitgelebt, seine Schicksale mitgetragen, seine Gedanken mitgedacht? Sprechen wir nicht seine Sprache? Haben wir nicht alles, was wir wissen und selber sind, in deutscher Sprache empfangen? Nannten wir uns nicht und waren wir nicht Deutsche? Nicht freiwillig, sondern künstlich, gewaltsam, mit den verworfensten Mitteln mußten wir aus diesem Volk ausgesondert werden. Wir mußten uns selbst zerreißen, um nicht mehr Deutsche zu sein, und wir haben es getan. Haben wir denn den deutschen Menschen, wie er geworden ist, früher durch das, was uns deutsches Wesen hieß, nicht gesehen? oder nur durch einen dichten, verzaubernden Schleier? Wie kommt es dann, daß wir ihn dennoch heute wiedererkannten? Wir erkannten ihn, wie in dem alten chinesischen Märchen der Bauer in seinem Nachbarn, den er zum Schutz gegen ein grauenvolles Ungeheuer hinter sich aufs Pferd genommen hat, plötzlich, sich umblickend, das Ungeheuer selbst erkennt und bewußtlos vom Pferd sinkt.

Er war unser Nachbar; wir haben mit ihm gelebt und ihn geliebt; wie sollen wir zu dieser entsetzlichen Verwandlung uns stellen? Zweierlei scheidet damit für uns aus: Gericht und Vergebung. Richten können wir nur das, außerhalb dessen wir stehen, und nur das, was unsere Maße nicht übersteigt: das uns Begreifliche; vergeben können wir nur das uns persönlich Widerfahrene. Unser Gericht vermöchte diese Schuld nicht zu erreichen; unsere Vergebung wäre Selbstüberhebung und Untreue. Die Vergebung ist dessen, dessen das Gericht ist; unser ist nur die grenzenlose, unauslöschliche Trauer.

Aber nur als wirklich unauslöschliche ist diese Trauer eine wahrhaftige Antwort auf das Ungeheure des Geschehenen. Nichts von dem, was auf deutschem Boden, von deutschen Händen oder von ihnen geführt jüdischen Menschen widerfahren ist, darf vergessen werden; das ist das strenge Vermächtnis der Opfer an die Überlebenden. Und selbst jetzt, wo das Gericht in so grauenvoller Form über Deutschland gekommen ist, darf auch das tiefste Erbarmen mit seinem Unglück, das so viele an ihm Unschuldige mittrifft, uns nicht verblenden; es darf uns nicht vergessen machen: die deutsche Erde ist noch nicht gereinigt; sie muß erst sich selber reinigen – und sie ist nach den Äußerungen, die uns von dort erreichen, noch weit von solcher Selbstreinigung entfernt –, bevor jüdische Menschen sie wieder betreten, wieder auf ihr leben können und dürfen. Es können dies nur diejenigen tun, die in rein internationaler Gesinnung sich außerhalb alles Volkhaften gestellt haben und damit die Grenzen der Schuld anders ziehen. Für uns aber, denen die Wirklichkeit Volk in doppeltem Sinne zum Schicksal geworden ist, ist die alte Form der Verschmelzung in einem großen Sterben zerbrochen, und wir sehen in einer neuen noch keine Wahrheit. Eine Versöhnung, ein Friede ohne Wahrheit aber könnte nur in neue Katastrophen führen.

Und doch: wie sollten wir es nicht wissen: wo immer der jüdische Mensch heute steht: er steht in Feindesland. Aber wir wissen auch: dies, was ihm Freiheit und Heimat verwehrt, vertieft und verstärkt seine Verantwortung. Von außen wie von innen ist, strenger noch als an alle anderen Menschen, an ihn die Forderung seiner Verantwortung gestellt. Dasselbe, was von der Welt her dem Volk dadurch aufgezwungen wird, daß für jede Tat eines einzelnen jüdischen Menschen das ganze Volk verantwortlich gemacht wird, wird ihm von innen aufgezwungen durch jene stellvertretende Gewißheit, daß jeder einzelne jüdische Mensch verantwortlich ist für ein Schicksal, das er nicht gewollt, nicht gewählt hat, aber das ihn erwählt hat, das ihm als ein besonderer Weg des Menschseins auferlegt ist zur Verantwortung für das Menschsein überhaupt. Einzig an dieser Verantwortung hat ja das jüdische Volk überhaupt sein Dasein; die Grenzen des Volkes ohne Gestalt und Grenze reichen genau so weit wie seine Verantwortung.

Die Verantwortung, die mit seinem heutigen Schicksal gesetzt ist, mag außerhalb des deutschen Problems sehr schlichte Formen annehmen, deren Schwere kaum zu durchschauen ist. Es mag vielfach nur die Forderung sein, die ihm aus seinen in einem Jahrtausende alten Ausnahmeschicksal erworbenen Tugenden erwächst: die Forderung an den jüdischen Menschen, heute wie immer in der Haltung reiner fragloser Menschlichkeit und Brüderlichkeit im Herzen der Gemeinschaft auszuharren, von der er preisgegeben ist: in jeder Lage, jeder Not und Bedrängnis aus seiner älteren, reiferen Erfahrung der Bruder, der ältere Bruder der Völker, der Menschen zu sein. Nicht weich, nicht weichend, sondern in jener Wahrhaftigkeit, deren unerbittliche Strenge nicht nur die Männer des Alten Bundes, sondern gerade auch die letzten großen europäischen Juden kennzeichnet. Denn die stellvertretende Tiefe der Verantwortung ist ja, so sehr sie von jedem einzelnen Menschen gefordert ist, in allen Völkern nur bei den Wenigen.

Wenige Menschen wissen zu allen Zeiten um die Tiefe und Forderung der Krise, um das messianische Geheimnis der menschlichen Existenz; die große Mehrzahl bleibt wie die Freunde Hiobs außerhalb des inneren Schicksalskreises stehen. Auch die große Mehrzahl der jüdischen Menschen wendet sich von dem Untragbaren ihres Schicksals ab und wird dadurch zur gestaltlosen, unkenntlichen Masse. Darum ist keinem Menschen so sehr wie dem jüdischen, dessen einzige Dimension die der Höhe und Tiefe: der nach oben reißende Aufruf, das in die Tiefe reißende Schicksal ist, das Verweilen an der Oberfläche, das seine Wirklichkeit ganz verfälscht, versagt.

Wie aber das Volk in seiner Ganzheit nie die Verantwortung begreift, die von jedem den ganzen Einsatz in sein dunkles Schicksal fordert, so ist es auf der anderen Seite in der Entwirrung des messianischen Geheimnisses nicht allein, nicht ganz nur von Feinden und halben Freunden umgeben. Jeder Mensch in aller Welt, der gegen die tote Sache, gegen den Tod, gegen die Zerstörung für das Leben als das Gute einsteht, ist, wissend oder nichtwissend, sein Helfer und Freund. Und dicht um die Wirklichkeit des Volkes zieht sich leise leuchtend ein messianischer Kreis. Wie dürften, wie könnten wir vergessen, daß abseits von der offiziellen Haltung, in dem Land, in dem diese Rechenschaftsablegung geschieht, um das Flüchtlings- und Emigrantenelend her eine Fülle reinster, wahrhaftiger Menschlichkeit sich gesammelt hat: nicht nur Mitleid, Erbarmen, sondern die Fülle aufgeschlossener Herzen, die nicht in der überheblichen Haltung der Freunde Hiobs stecken bleibt? Und wie könnten wir vergessen, daß, so finster seine Zukunft als ganze vor dem Volke liegt, es auch heute noch und heute wieder Freundschaft, Liebe zwischen Einzelnen der gewaltsam auseinandergerissenen Lebenskreise gibt, daß unter dem radikalen Zusammenbruch alles Menschlichen noch und wieder Quellen aufbrechen, aus denen leise ein lebendig Menschliches entspringt? Es ist das Kostbare solcher in dunkelster Zeit geschlossener Freundschaften, daß jede von ihnen dort beginnt, wo die Mächte des Chaos enden. Jede wahrhaftige

Verbindung zwischen einem Juden und einem Menschen eines anderen Volkes ist nach dem gewaltsamen Abbrechen des gemeinsamen Grundes, den die Welt mit ihren stärksten Kräften weiter abzubrechen bemüht ist, ein Stückchen dem Chaos abgerungener Schöpfung, ein leises Aufdämmern des messianischen Reiches selbst.

Alles, was um dies Volk her geschieht, das Geringste wie das Größte, hat den Charakter der Entscheidung, ist in die messianische Sphäre hineingezogen, gibt sein innerstes Wesen zu erkennen. Es ist dasselbe, was auf der politischen Ebene heute um Palästina sich vollzieht, an dessen Verwirklichung als Heimat des Volkes hinter allen Machtfragen verborgen sich die Geister scheiden. Weil die Entscheidung für das wirkliche Zion heute in Wahrheit keine politische Machtfrage, sondern eine Frage des Menschseins ist und weil auf dem Grunde des Kampfes um Palästina ein anderes, ein vollendetes Zion in messianischer Zeit liegt, darum entscheidet sich an der Entscheidung für oder wider Zion die Gesinnung der Welt. Wie der höchste Tag des jüdischen Volkes der Tag der Versöhnung des Menschen mit Gott ist, die auf der Versöhnung mit allen Menschenbrüdern ruht, so tritt auch alles, was in seinem Namen, was um seinetwillen geschieht, letzthin unter dies Zeichen.

Und so kommen doch am Ende aus allen Völkern die Menschen einander entgegen. Wie mit jedem Stück aus lebendiger Verantwortung gelebten jüdischen Lebens der messianische Kreis um das Volk her ein Stück weiter entfaltet wird, der die Menschen in die Sphäre der Entscheidung hineinzieht, sie zwingt, ihr Äußerstes im Guten wie im Bösen zu geben, so ist es der lebendige Friedenswille der Einzelnen in den Völkern, der auch das jüdische Volk miterlöst. In jeder, auch der schlichtesten, auf den Frieden gerichteten Tat eines Menschen geschieht die Vorbereitung auf den Tag, der nach der Legende erst kommen kann, wenn der Messias alle Völker der Erde durchwandert hat. In einer messianisch ganz durchdrungenen, in einer christlich gewordenen Welt hätte das Volk unter den Völkern seinen selbstverständlichen Raum, fiele aber damit auch die Notwendigkeit seines Seins dahin. An diesem Tag dürfte es seine Gestalt, die Schönheit seines Ursprungs zurückgewinnen, dürfte es sich frei zum großen, starken Baum entfalten, dürfte es blühen und Früchte tragen; an ihm dürfte es aber auch der in seiner natürlichen Tiefe treibenden Todessehnsucht nachgeben; an ihm wäre es als Volk abgelöst.

Bis dahin muß es bleiben, in seiner verachteten Schmerzensgestalt verharren, die irdische Not seiner ungemessenen Heilsspannung austragen. Denn es hat kein Dasein für sich selbst. Als Vertretung aller Erniedrigten und Beleidigten der Erde ist es wie Hiob ausgesondert zur Vertretung des Menschseins überhaupt, zur immer erneuten Stellung der letzten menschlichen Fragen. Und wenn wir heute mitten in der Zersplitterung aller Ganzheit, in der sich neben der Aufrichtung riesiger Machtgebilde eine beängstigende Isolierung der Menschheit in immer kleinere, sich voneinander sondernde Kreise vollzieht, zugleich gewahren, wie dennoch die Völker aus ihrer Zerrissenheit und Vielheit gewaltsam zur einen Menschheit zusammengetrieben werden – nicht aus dem inneren Kern lebendiger Hoffnung, zentraler messianischer Verantwortung, sondern von außen: durch die in den Mittelpunkt des Lebens eingedrungenen Zerstörungsmächte selbst, denen von innen die ungeheure Angst vor dem vom eigenen Wissen entfesselten Tod entspricht, so erweist eben durch diese Angst auch diese ganz und gar menschenfremde, menschenfeindliche Krise sich in ihrer eigentlichen Wahrheit wieder als eine Krise des Menschen: als die von Gott an den Menschen zurückgegebene Frage, ob nun, da die Welt am Geist des Menschen zersprungen ist, sein Herz noch einmal die Kraft finden wird, sie zu heilen.

Als Zeichen dieser letzten Schicksalsfrage ist das von den Völkern ausgesonderte, gestaltlos lebendige Volk der Schöpfung unter den an den Tod verratenen, starren Staaten der Völkerwelt stehengeblieben – selbst nicht mehr als ein bloßes, im Weltsturm schwankendes, fast schon verwehtes Zeichen. Ein Zeichen, das, heute gewaltsam wieder angefacht, so lange nicht völlig erloschen ist, wie in ihm ein fernster Nachhall des den leeren Zeitstrom stauenden und zum Sinn wendenden Aufrufs nachklingt, der das Volk zum Volk geprägt hat. Wenn die letzte allein aus ihrem Sinn lebende Volksform zerfiele, wenn das jüdische Volk nicht mehr durch seine Gestalt den Widerstand gegen den Tod, gegen Nichts und Chaos leistete, wäre das letzte volkhafte Symbol des Friedens in der Welt vernichtet. Menschlich gesehen, treiben wir heute diesem wie jedem Untergang entgegen.

Es gibt, vom Menschen aus gesehen, keine Lösung des jüdischen Problems, wie es keine Lösung des Menschheitsproblems gibt; das jüdische Problem ist unablösbar an das der Menschheit gebunden, es ist als das in letzter Tiefe gestellte Problem des Menschseins selbst dies Problem. Doch »der Mensch sieht nicht bis ans Ende«, diese schlichte Wahrheit der Überlieferung, dieselbe, die Hiob im Anblick der Schöpfung sich auftut, gilt für den Menschen aller Räume und Zeiten. Weil unser Wissen so furchtbar groß und weit ist, daß es unsere Lebensbedingungen selbst verändert hat, weil unser Blick so furchtbar kurz ist, daß er über unser rasch verfliegendes Leben nur eine kleine Spanne weit hinausreicht, darum entsetzt sich die Menschheit heute vor ihrem eigenen Wissen, das in keinen erblickten und erblickbaren Plan mehr eingeht.

Und darum bleibt gerade der heutigen an ihrem eigenen Wissen gescheiterten Menschheit allein die Demut des Fragers aus Abgrund und Chaos, der sein ganzes eigenes Wissen vor der Erfahrung eines nicht mehr Wißbaren zerbricht, bleibt ihr allein das reine Trotzdem der zu allem Wissen paradoxen Hoffnung, daß auch der letzte, vom menschlichen Wissen durch die Tiefe der Schöpfung gerissene Riß noch einmal von einem unwißbaren Ewigen her geheilt werden wird, daß auch über dem Chaos der satanischen Weltzerstörung, der wir heutigen Menschen preisgegeben sind, noch einmal ein auch sie noch in sich befassender und heilender Plan, daß über ihr die Schöpfung wieder als eine neue heraufsteigen wird.

Das wäre das Verstummen der Frage Hiobs. Das Heraufsteigen der Schöpfung als Wahrheit und Plan ist der Beginn der Erfüllung seines Schicksals, in dem ihm alles Verlorene in einer neuen Gemeinschaft zurückgegeben wird. Es wäre auch das Verstummen der Frage des Volkes, in dem das Menschenleid als in seinem tiefsten Gefäß gesammelt und zur Botschaft der Welterlösung aufgeblüht ist. Der Tag einer wiederhergestellten Schöpfung, deren heiler Kern eine neue Menschheit verheißt, wäre der Tag der Ablösung des Volkes: der Tag, über dem das Wort des seligsten der Psalmen leuchtet: »Dann werden wir sein wie die Träumenden.« Ist dieser Tag selbst darum Traum? Er ist Traum im echten Sinne des Traumes: als Offenbarung des unendlich weiteren Lebens, das unter unserem wachen Leben ausgebreitet ist: er ist die Offenbarung der Unendlichkeit der durch alle Zeiten ausgespannten Hoffnung des jüdischen Volkes. Es ist diese Unendlichkeit der Hoffnung, aus der noch der späte jüdische Dichter, der wie wenige in allen Völkern die Zerstörung und Verlorenheit unserer Welt erkannt und in seiner Dichtung sichtbar gemacht hat: Franz Kafka, mitten in dieser von ihm aufgegebenen Welt in einem sehr schlichten, sehr nüchternen, nur noch verborgen messianischen Wort das ewige Dennoch der Welterlösung ausgesprochen hat: »Es ist keine Widerlegung der Vorahnung einer endgültigen Befreiung, wenn am nächsten Tag die Gefangenschaft noch unverändert bleibt oder gar sich verschärft, oder selbst, wenn ausdrücklich erklärt wird, daß sie niemals aufhören soll. Alles das kann vielmehr notwendige Voraussetzung der endgültigen Befreiung sein.«

Damit wird das fest verrammelte Tor unseres Gefängnisses dennoch um einen schmalen Spalt geöffnet. Ein Streifen überirdischen Lichts dringt herein; die Einsicht Hiobs bereitet ihm die Bahn. Wir, die so unendlich viel, die viel zuviel wissen, wir wissen nichts. Wir wissen nichts von dem, worauf es für uns allein ankommt: von dem Plan, in dem wir befaßt sind und aus dem wir leben. Aber darum wissen wir auch nicht, ob nicht diese unsere dunkle, ganz von der Erlösung abgetriebene Welt der Erlösung am nächsten ist.

Jüdischer Verlag GmbH
Torstraße 44, 10119 Berlin
info@suhrkamp.de
www.suhrkamp.de